학교문화를 바꾸는 회의디자인

성애리
정준화
고흥섭
박명선
지음

학교문화를 바꾸는 회의디자인

성애리 정준화 고흥섭 박명선 **지음**

도서출판 디자인21

프롤로그

살면서 생각과 가치와 그 실행까지 함께 할 수 있는 친구를 만난다는 건 기적 같은 일이라고 생각합니다. 4년여 동안 우린 치열하게 공부했고 열심히 실천했습니다. 민주적 학교문화 연구팀이라는 이름으로 모여, 학교 민주주의 철학부터 학교회의디자인을 위한 퍼실리테이션까지 함께 공부하고, 학교에서 필요한 다양한 회의를 기획해 보고, 여러 학교에서 퍼실리테이터로서 워크숍을 진행해보았습니다. 입소문이 나기 시작하더니 어느 날 바쁜 워크숍 강사가 되어있었습니다. 원래 목표는 이게 아니었습니다. 우리가 연구하고 실천하고 있는 것들을 좀 더 알려서 더 많은 학교에서 스스로 쉽게 실천해 보았으면 했었습니다. 민주적인 학교 회의문화가 지속가능한 확산이 되었으면 하는 바람이었습니다. 그래서 책 출판 경험이 전혀 없음에도 제안에 너무 쉽게 동의를 해버렸습니다.

그동안 많이 공부하고 실천해왔다고 생각했는데 막상 글로 옮기려니, 경험과 배움의 부족함이 너무나도 크게 보여 부끄러워져서 글쓰기의 시작이 하루하루 늦어지고 걱정만 쌓여가던 시기에 머리를 식히고 싶어 정세랑님의 소설을 읽다가 이 구절에서 마음이 다시 열리기 시작했습니다.

> "우리가 하는 일이 돌을 멀리 던지는 거라고 생각합시다. 어떻게든 한껏 멀리. 개개인은 착각을 하지요. 같은 위치에서 던지고 사람의 능력이란 고만고만하기 때문에 돌은 멀리 나가지 않는다고요. 그런데 사실은 같은 위치에서 던지고 있는 게 아닙니다. 시대란 게, 세대란 게 있기 때문입니다.(중략) 내 세대와 우리 중간 세대가 던지고 던져서 그 돌이 떨어진 지점에서 다시 주워 던지고 있는 겁니다"
>
> 정세랑-피프티피플

인용하자면 우린 계속 이 방향으로 돌을 던져보고자 합니다. 되돌아오는 돌도, 멀리 나가지 않은 돌도 많을 테지만 결국 우리뿐 아니라 생각을 함께하는 사람들과 같이 계속 같은 방향으로 던지다 보면 돌들은 결국 조금씩 조금씩 전진하고 있을테지요. 내가 던지고 있는 돌도 누군가 뒤에서 힘껏 내 앞까지 던져놓은 돌일테니까요. 우리도 조금 용기를 내서 그 돌을 잡는 마음으로 썼습니다.

이 책은 크게 4부로 구성되어 있습니다.

1부에서는 '소통을 위한 가장 큰 디딤돌, 관계 형성'이라는 제목으로 학교를 안전한 소통 공동체로 만드는 것의 중요성과 방법에 대해 이야기 하였습니다.

2부는 '함께 만들어가는 교육과정'으로 학교교육과정을 만들어가는 과정에서 구성원 모두가 함께하는 학교 비전 수립, 비전에 맞는 교육과정 만들기, 교육과정 평가의 절차를 소개하였습니다. 그 과정에 참여를 통한 공동체의 의미를 담았습니다.

3부는 '학교를 변화시키는 힘, 학습공동체'가 학교를 변화시키는 힘을 가졌다는 믿음으로 집필했습니다. 먼저 학습공동체의 필요성과 의미를 살펴보았으며, 계획수립과 평가과정에 담긴 의미를 도출하고 학교에서 쉽게 따라할 수 있도록 일련의 절차를 소개해 보았습니다.

4부는 '월별 교사 다모임 이렇게 해보았어요'로 학교에서 '관계중심주제'로 실천했던 다모임 과정을 구체적으로 제시하였습니다. 그리고 참여했던 선생님들의 생생한 목소리도 담았습니다.

마지막으로 지금까지 우리가 무엇을 바라고 무엇을 고민하며 이 일을 해왔는지, 그 과정에서 우리에게는 무엇이 남았는지 돌이켜 정리해보았습니다. 이 책이 단순한 매뉴얼로 소비되지 않고 독자들이 소통, 관계, 학교 문화에 대한 각자의 철학을 세울 수 있기를 바랐기 때문입니다.

이 책이 나오기까지 도움을 주신 분들이 많습니다.

짧지 않은 4년 동안 함께 공부하고 서로 응원과 칭찬을 아끼지 않은 민주적학교문화연구팀 19명 모두에게, 글로는 표현되지 못할 진심을 전하고 싶습니다. 함께한 우리의 성장이 너무나도 자랑스럽습니다. 그리고 저희가 성장할 수 있는 기반이 된 학교회의디자인 연수를 매년 기획해주신 단재교육연수원, 이 글을 쓰게 된 동기가 되어준 충청북도교육청과 충청북도교육도서관 관계자분들께 감사의 마음을 전하고 싶습니다.

부족함이 많은 저희가 용기를 낼 수 있었던 건 '딱 지금까지의 소소함'을 나누고 또 더 배워서 또 나눠야지 라는 생각이 들었기 때문입니다. 이 책을 읽은 분들이 저희처럼 조금 용기를 내서 작은 시도를 해보기를 바라는 마음으로 썼습니다. 내가 속해있는 나의 조직의 운영 과정에 생각과 말을 보태는 것이 더 쉬워졌으면 좋겠습니다. 서로 소통하고 공감하는 판이 만들어지고 서로가 위로가 되고. 상처의 치료제가 되었으면 좋겠습니다. 그래서 교사들이 학교 안에서 지금보다는 조금 더 행복해졌으면 좋겠습니다. 정말 그랬으면 좋겠습니다.

2023년 11월 우리의 마음과 생각을 모아

성애리 드림

CONTENT

4부 월별 교사 다모임, 이렇게 해보았어요

에필로그

부록

1부

소통을 위한 가장 튼튼한 디딤돌, 관계 형성

정준화 (초등교사)

혁신학교에서 혁신 부장을 하면서 학교의 민주적 문화에 대해서 고민하게 되었습니다. 절망을 주는 것도 사람, 희망을 주는 것도 사람이라는 생각으로 사람들의 선함을 끌어낼 수 있는 방법을 고민하고 있습니다.

<주요경력>

· 청주교육대학교 학교문화와 교사전문성 석사
· 교사 자발적 모임인 민주적 학교문화 연구팀 소속
· 학교 회의 디자인 기초·심화·전문가 과정 수료(충청북도단재교육연수원)
· 쿠 퍼실리테이션 이니셔티브, 질문의 기술, 인터랙션 스킬 이수
· 단위학교 및 도교육청·직속기관·교육지원청 등 기관 대상 워크숍 경험 100회 이상

관계 형성, 꼭 해야 하나요?

네, 꼭 해야 합니다.

그날도 나는 매우 답답하고 짜증이 나 있었다. 여러 번의 전화, 소통메신저[1] 연락에도 대답이 없던 그 선생님에게. 그날이 처음이 아니었기에 어느 정도 예견은 했지만, 매번 진척되지 않는 일처리 때문에 나의 분노지수는 차곡 차곡 쌓이고 있었다. 그러면서 한편으로는 나 또한 의도없이 상대에게 불편을 끼쳤던 경험을 떠올리며 그를 이해해보려고 노력했다. 그러나 그는 저경력 교사도, 부장 교사도, 생활지도가 힘든 고학년 교사도 아니었다. 그의 묵묵부답과 태업을 이해하기 위해 내가 상상할 수 있는 옵션들 중 어느 것에도 해당되지 않았다. 한참을 기다려 받은 답장에는 미안하다는 사과의 표현이나 친절한 말투는 찾아볼 수 없었다. 지나치게 부연 설명이 없는 단답의 말들 뿐. '내가 모르는 무슨 사정이 있겠지'와 '아니, 도대체 왜?' 사이를 수없이 오가는 사이, 그에 대한 내 마음의 추는 자꾸 부정적인 쪽으로 실리고 있었다. 모두가 퇴근한 그 날 저녁 교무실에서 만난 그 선생님의 이야기를 듣지 못했더라면 내 기억 속에 그는 '무책임한', '불친절한', '예의 없는', '다가가기 어려운'등의 키워드와 함께 저장되었을 것이다.

내가 야근 중이던 교무실로 그 선생님이 들어왔다. 김빠진 콜라같은 얼굴을 하고 일거리를 잔뜩 든 채. 교실에 혼자 있기 무서워서 내려왔다고 말하는 그 얼굴을 보는데, 적대감보다는 걱정이 앞섰다. 공격력 따위는 전혀 없어 보이는 무해한 얼굴, 오히려 방어할 힘도 없어 보이는 모습에 나는 적지않이 놀랐다. 차가운 메신저 쪽지 너머에 있었

1) 충청북도교육청 자체 메신저 프로그램.

을 저 얼굴을 상상하자 그간의 감정들은 순식간에 안쓰러움과 궁금함으로 바뀌었다.

"선생님, 얼굴이 너무 안 좋아 보이세요. 무슨 일 있으세요?"

내 마음의 가시를 뚫고 나온 이 한마디로 대화는 시작되었다. 그리고 그에 대해 많은 것을 알게 되는 데까지는 그리 긴 시간이 필요하지 않았다. 마음을 표현하고 다가가기 어려워하는 성격, 작년에 있었던 학급 사안으로 상처받았던 이야기, 반복되는 학급 운영에의 어려움, 전화에 대한 공포, 작년부터 지금까지 해결되지 않는 무기력과 우울, 그리고 동원할 수 있는 에너지를 아이들에게 쏟느라 미진한 일 처리 때문에 곤란했을, 나를 포함한 동료들에 대한 미안함과 괴로움까지. 직접 대면한 그는 솔직하고, 여리고, 아이들을 사랑하는 선생님이었다. 그에 대해 오해했던 것이 미안했고 내 상상력의 허용범위 안에서 그를 평가했던 것이 부끄러웠다.

그 뒤로도 그는 전화를 잘 받지 않았고, 뒤늦게 답을 해오고, 상냥하지 않은 답장을 보내왔다. 변한 것은 오히려 나였다. 여전히 간결하고 차가운 메시지 속에서 그의 두려움과 고단함, 상대에 대한 자기 나름의 배려와 존중을 읽어 내고 있었기 때문이다.

이런 경험 이후로 나는 더욱더 사람을 잘 모르는 상태에서 판단하지 않으려고 노력한다. 쉽게 소비되는 평가의 말들 뒤에 가려져 있을 그 사람의 진짜 얼굴을 상상해보는 것이다. 에포케(epoche), 판단의 유보는 내 심리적 죄책감에서도 해방되게 하지만 인간관계의 스트레스에서도 자유롭게 한다. 물론 아무런 정보가 없는 상태에서의 맹목적인 판단유보는 대단한 에너지를 필요로 하는 일이기 때문에 나는 자주 실패한다.

상대에 대해 잘 모르는 상태에서 했던 판단이 그 사람을 직접 겪게 되면서, 혹은 그의 서사를 알게 되면서 이해하게 된 경험은 아마도 누구에게나 있을 것이다. 같은 말을 듣더라도 나와 아무런 관계를 맺고 있지 않은 사람에게서 들을 때와 그 사람의 성격, 가치관, 언어 습관 등을 알고 있는 사람에게 들을 때 다르게 평가된다. '학교에 아이들만 없으면 천국이다'라는 농담조의 말을 인터넷에서 접했을 때 너무나 불편한 말이었지만, 아이들을 위해 늘 최선을 다하는 선생님에게서 들었을 때는 그 사람의 애씀과 고단함이 느껴졌던 기억은 아직 선명하다. 반대의 경우도 마찬가지다. 나를 잘 알지 못하는 사람에게 의견을 전해야 할 때 내 말을 곡해하게 될까 봐 수없이 문장을 다듬고 말미를 고치면서 전전긍긍하지만, 나를 알고 있다고 생각하는 사람에게는 거친 몇 마디 말로 의사를 전달한다. 그리고 놀랍게도 전자보다 후자의 경우가 오해를 낳는 일이 더 적었다. 나는 이것이 관계 맺기의 힘이라고 생각한다.

관계 맺기의 힘은 개인 대 개인의 관계뿐만 아니라 공동체의 의사결정을 해야 하는 집단적 관계에서도 큰 힘을 발휘한다. 구성원들이 서로를 친근하게 여기고 긍정적인 상호작용을 하는 공동체에서는 매번 애써 존중을 표현하려 노력하지 않아도 존중을 느낀다. 그렇기 때문에 의사결정을 할 때에 솔직하고 편안하게 소통할 수 있다. 또한 상대의 이야기를 공격으로 받아들이지 않게 되고, 오고 가는 대화가 부드럽다. 의견을 수용적으로 검토하게 되기 때문에 긍정적 관계의 공동체는 결과적으로 더 합리적인 결정을 하게 될 것이다. 관계의 당위성에 대한 수많은 미사여구들이 있지만 이러한 일화만큼 사적인 관계가 공적인 영역에서 힘을 발휘하게 되는 상황을 극명히 드러내는 것이 또 있을까? 관계를 맺는다는 것은 결국 서로를 알고 이해하는 노력이다. 이런 경험을 할 때마다 떠오르는 문장이 있다. 조선 후기 선비 유한준의 문장이다.

> "사랑하면 알게 되고 알게 되면 보이나니,
> 그때 보이는 것은 전과 같지 않으리라."

애정 어린 관심은 대상을 이해하게 만들고, 이해하고 나서 바라보는 대상은 나에게 전혀 다른 의미로 다가오게 된다는 경험칙을 단순화한 명문장이다. 이것이 세상을 향한 개인의 인식과 의미의 현상이 어떻게 이루어지는지를 보여준다면, 이 문장의 역은 공동체의 매커니즘이 개인들의 관계 맺음을 어떻게 만들 수 있는지를 설명할 수 있지 않을까? 공동체의 시스템은 공동체 속의 다양한 사람들이 서로에게 '잘 보이도록' 시간과 공간, 상황을 조직하고, 개인들은 그 시스템 안에서 서로를 '이해'하게 되며 종내에는 그 이해가 '존재에 대한 애정'으로 바뀌는 것. 서로가 유의미한 존재로 자리잡게 되는 순간 어쩌면 이 문장은 윤환의 순이 되어 다시 한 번 힘을 발휘하게 될지도 모른다. 온전히 자발적이고 개인적인 힘으로 상대를 사랑하고 이해하려는 노력 말이다. 그래서 누군가 "바쁜데 관계 형성이 필요합니까?"라는 볼멘 소리를 한다면 나는 더 크게 답하고 싶다. "네, 꼭 필요합니다."라고.

관계 맺기, 존재에 대한 따뜻한 쓰다듬음

학교는 관계가 지배하는 곳이다. 학생의 배움은 학교 안 수많은 타자와 관계 맺으면서 일어난다. 비고츠키는 "내 밖에 나를 만든 수많은 내가 있다"라는 말로 개인의 고등정신기능이 사회적 관계로부터 형성됨을 표현하였다. 사회적인 것이 개인화, 주체화되는 과정이라는 것이다(진보교육연구소 비고츠크 교육학 실천연구모임, 2015). 성공회대 고병헌 교수 역시 『존재가 존재에 이르는 길, 교육』에서 관계의 중요성에 대해 다음과 같이 설명한다.

"인간의 삶은 사람 사이의 관계로써 실현된다. 같은 맥락에서 교육이 사람마다 고유한 개체적 개별성을 꽃 피우는 일일지라도 앎의 과정은 관계적인 결을 갖는다. 학교라는 교육 공간을 중심으로 생각하면 아이들이 경험하는 가장 중요한 교육 경로는 당연히 교사와 학생 사이의 관계일 것이다. 일본의 교육자이자 사상가인 우치다 타츠루 교수의 '교사가 존재하는 것만으로도 교육은 이루어진다'라는 말이나 '교육의 알파(시작)요, 오메가(끝)가 교사'라는 오래된 교육 명제 모두 이 관계성의 관점에서 교육을 말하고 있다."

가까운 미래에는 학교가 사라질 것이라고들 이야기한다. 지식은 온라인으로 무한하게 공급되고 학습자는 자신의 수요에 맞게 접속하는 형태로 변화할 것이라고. 그러나 나는 적어도 기초교육인 초등학교에 한해서는 그리 동의하지 않는 편이다. 학교가 단지 지식을 공급하는 기계적 공간이 아니라 관계 맺음을 통해서 배움이 일어나는, 정서적이고 의미적 공간이라고 생각하기 때문이다. 만약 비대면이 일상화된 미래에도 학교가 지금과 같은 모습으로 유지되고 있다면 아마도 그 이유는 배움이 관계를 통해서 이루어질 수 밖에 없기 때문은 아닐까? 사회가 점점 파편화되고 인간이 디지털 신호들 뒤에 숨는 것이 쉬워질수록 학교가 가진 관계적 맥락은 더욱 중요해질 것이라고 생각한다. 헝겊 어미 원숭이와 철제 어미 원숭이 실험[2](김진경 외, 2014)에서 보듯, 앞으로 우리에게 더욱 필요한 것은 지식의 양이 아니라 존재에 대한 따뜻한 쓰다듬음이다.

그래서 나는 학교 공동체 안에서 교사 동료들이 서로를 알지 못하고 연결되어 있지 못하면서 학생들에게 좋은 배움을 선물할 수 있다고 생각하지 않는다. 내가 터한 곳에서 존재 자체로 인정받을 때 다른 대상에 대한 존중도 가능해진다. 공동체의 의사결정과 교사의 행복이라는 측면에서도 마찬가지이다.

2) 1957년 심리학자 Harry Harlow의 실험. 새끼 원숭이가 있는 우리에 두 개의 가짜 어미 원숭이를 넣는다. 하나는 가슴에 젖병을 매단 철사 어미 원숭이, 하나는 젖병은 없지만 부드럽고 폭신한 헝겊 어미 원숭이이다. 실험 전 새끼 원숭이가 먹을 것이 있는 철사 어미를 더 좋아할 것이라 예상했다. 그러나 새끼 원숭이는 배가 고플 때만 철사 어미에게 가서 젖을 먹고 헝겊 어미에게 곧바로 돌아와 안겼다. 헝겊 어미에게는 17~18시간 동안 붙어 있었지만 철사 어미와 보낸 시간은 1시간 미만이었다.

서로를 착취하지 않는 관계를 위하여

나는 관계 맺기가 없는 공동체, 사람 앞에 일이 있는 공동체는 서로를 착취하기 쉽다고 본다. 산업화 시대의 공장 노동자는 인간으로서의 감정이나 사고가 배제된 기계의 부품으로 취급되었고 언제든 대체 가능한 존재로 여겨졌다. 이러한 인간성의 거세와 존재의 물화(物化)는 죄책감 없는 착취를 용이하게 했다. 학교 또한 그러한 일들이 일어나는 것을 종종 보게 된다. 학교가 돌아가도록 하기 위해 좀 더 희생하는 사람이 끊임없이 필요했고, 그 희생은 때로 공감없이 강요되었다. 그 과정에서 상처받고 소외감을 느낀 사람들은 마음을 닫고 방어적이 되었다. 서로에 대해 알고 싶어하지 않았고 의사결정에는 차가운 규정과 일의 효율성만이 고려되었다. 왜 하는지, 어떻게 하는지 보다 누가 하는지가 중요했다. 구성원은 사람보다 노동력으로 인식되는 것 같았다. 새로 발령받은 학교의 교감선생님과의 첫 인사 자리에서 나의 경력과 나이, 결혼 여부를 듣고 반색하며 하셨던 그 말 -"아이고, 일할 사람이 왔네"라는 말은 지금도 내 머리를 떠나지 않는다. 소통이 단절된 각자의 칸막이 속에서 우리는 모두 외로이 울고 있었다. 명확한 강자에 의해 약자가 억압받는다기보다 고통받는 자에 대한 고통받는 자의 공격, 저마다의 아픔에 빠져 있는 사람들끼리의 반목이 더 많아 보였다. 착취당하지 않기 위해 먼저 착취하거나 착취를 외면하고 있는 것 같았다.

단편적인 여러 공동체에서의 경험을 편집하다 보니 다소 극단적 묘사가 되었음을 인정한다. 다만 그런 모습을 볼 때마다 서글펐다고 말하고 싶었다. 모두가 고통받고 있으면서 아무도 서로 손잡아 해결하려고 하지 않는 것이 이해되지 않았다. 일보다 사람에게서 출발할 수는 없을까? 일도 결국은 사람을 위해 시작되었던 것 아닌가? 서로의 고통과 어려움, 고민을 드러내고 연민으로 연결된다면 가능하지 않을까? 서로를 착취하지 않는 관계. 적어도 일 뒤에 가려진 사람을 먼저 본다면 그리 어렵지 않을 것이라 생각되는 그런 관계 말이다.

호모 심비우스들의 연대

이쯤에서 이런 의문을 가지는 사람도 있을 것이다. '사적인 감정이나 친분이 앞서 오히려 합리적이고 공정한 결정과 공동체의 발전에 방해가 되는 경우는 어떻게 설명할 것인가?'라고. 개인 간의 긍정적 관계가 공동체 전체의 긍정적 관계로 바로 연결되는 것은 아니다. 친목 지향적 관계와 목적 지향적 관계는 질적으로 다르게 작동하기 때문이다.

때로는 상대에 대한 지나친 수용과 배려가 집단의 발전을 발목 잡는 경우도 있다. '좋은 게 좋은 거다'라는 말로 대표되는 여러 상황들이 그렇듯이 말이다. 긍정적 관계를 쌓기 위해 상대에 대해 공감하기를 강조하지만 그것만큼 누구에 대한 공감인가도 중요하다. 내집단을 향한 무조건적인 공감과 수용은 외집단에 대한 공격으로 나타날 수도 있다. 이른바 '비뚤어진 공감(최인철 외, 2021)'이다. 일부 구성원들끼리의 지나친 공감은 구성원들 간 집단화, 세력화를 촉진시켜 오히려 공동체를 파괴하고 평화와 소통을 가로막을 수 있다.

따라서 공동체를 위한 관계 맺기에서는 막연한 공감, 배려, 수용만을 강조해서는 안 된다. 너와 나의 관계성이 우리가 속한 공동체, 그리고 우리 공동체 외의 타자들에게도 긍정적인 영향을 미치는가를 볼 수 있어야 한다. 즉 우리의 관계 맺기가 공공선에 한 발짝 더 다가가도록 하는가를 생각해야 한다.

생물학자 최재천 교수는 자연계에서 최고의 성공사례는 서로 죽이는 관계가 아니라 서로 손잡은 관계에서 나왔다고 말하며 공생하는 인간, '호모 심비우스'를 제안하였다. 지구상의 모든 존재들과 공존하며 평화롭게 살아가는 인간 말이다. 나는 공동체를 위한 관계 맺기가 호모 심비우스들의 연대가 되길 바란다. 그러기 위해서는 존재를 목적으로 대하고 대우받는 것, 그리고 나와 공동체가 연결되어 있음을 깨닫는 것이 필요하다.

심리적 안정감과 두려움 없는 조직

구성원 간의 관계는 조직의 성과에도 큰 영향을 미친다. Edmondson의 저서 『두려움 없는 조직』에 따르면, 조직의 구성원들이 자기가 조직에서 중요한 존재라고 믿고, 심리적으로 안정감을 가지고 있을 때 참여가 일어난다고 한다. 그리고 신뢰와 존경을 바탕으로 한 조직일수록 자기가 제시한 의견이 좋은 결과로 이어질거라 믿는 비율이 더 높았다고 한다. 그가 말한 심리적 안정감이란 다른 말로 말하면 '안전한 공동체'라고 표현할 수 있을 것이다. 내가 어떤 말을 해도 오해하지 않고 그대로 받아들여 줄 것이라는 믿음, '아'를 '어'로 듣지 않을 것이라 믿음이 있는 공동체 말이다.

이 책에서는 심리적 안정감이 어떻게 구성원의 참여를 가져오고, 구성원의 참여 여부가 조직의 성패에 얼마나 큰 영향을 주는지에 대해 두 항공기 사건을 사례로 들어 설명한다. 하나는 1977년 스페인 테네리페 공항에서 일어난 참사이고, 하나는 허드슨강의 기적이라고 불리는 2009년 항공기 사고이다.

3월 27일 17시 6분, 테네리페 공항 활주로에서 두 대의 비행기가 정면 충돌하여 총 583명이 사망한다. 당시 반대편 활주로에 두 대의 비행기가 이륙을 준비하고 있었다. 먼저 출발하는 비행기의 이륙이 지연되었는데, 그 뒤를 이어 이륙해야하는 비행기가 관제탑의 허가를 기다리지 않고 이륙하게 되면서 사고가 일어나게 된 것이다. 그 두 번째 비행기의 기장은 오랜 경력에, 매우 많은 권한과 높은 권위를 가진 사람이었다. 기장은 부기장이나 항공기장의 만류에도 불구, 자기 판단만을 믿고 그들의 의견을 묵살했다. 한번 무시당한 부기장, 항공기장은 다시 이야기할 용기가 없었고 모두 입을 닫았다. 그 침묵과 방관의 결과, 두 비행기는 그대로 정면 충돌하게 된다.

반면 허드슨 강의 기적이라 불리는 뉴욕 라과디아 공항의 사고는 앞선 테네리페 공항 사고와 정 반대의 과정과 결과가 벌어진다. 2009년 1월 15일, 노스캐롤라이나를 향해 출발한 항공기 한 대가 이륙한 지 90초 만에 새떼와 부딪혀서 양쪽 엔진이 모두 망가지게 된다. 되돌아갈 수도, 나아갈 수도 없는 상황에서 신속한 대처로 인근 허드슨강에 비상 착륙했고 항공기 탑승객 전원이 구조됐다. 이 과정에서 소통과 관계의 힘이 나타난다. 이 비행기의 기장은 구성원 간의 의사소통, 리더십 등을 교육하는 프로그램의 교관이었고 부기장과 기장 사이에 심리적 안정감, 신뢰감을 공유하고 있었다. 비상 상황이 되자 기장은 부기장에게 권한을 위임했고, 승무원들도 각자의 역할을 명확하게 인지하고 수행했다. 많은 말이 오고 가지도 않았다. 오히려 서로 간단하고 명료하게 의사소통을 하며 각자의 역할에 충실했던 것이다. 이들은 이미 서로 말하지 않아도 아는 경지까지 오른 관계였다.

구성원의 참여는 공동체를 더 나은 곳으로 만드는 가장 유효한 방법이라고 할 수 있다. 구성원들의 자발적이고 적극적인 참여가 이루어지기 위해서는 사례에서 보듯 심리적 안정감이 바탕이 된 안전한 공동체가 형성되어야 한다. 그리고 이 안전한 공동체는 저절로 만들어지지 않는다. 존중하고 이해하는 관계를 만들기 위한 노력을 통해 천천히 쌓이는 것이다.

어렵지만 천천히, 시지프스의 노동처럼

이제 다 왔다고 생각했다. 거대한 노동의 끝. 저 꼭대기에 이르렀을 때의 기쁨을 상상해보았다. 힘겹게 옮긴 한 발 한 발의 정직함이 더없이 미더웠다. 산 정상에 마지막 힘을 쏟아부었을 때, 바위는 기다렸다는 듯 다시 저 아래로 굴러 떨어졌다. 무엇이 잘못된 걸까? 무엇도 잘못된 것은 없었다. 그냥 그런 것이다. 다시 한 번 묵묵히 정상을 향해 밀어 올리는 일만이 남아있다.

시지프스의 마음을 생각해본다. 관계 형성의 어려움이 마치 시지프스의 반복되는 노동과 겹쳐 보인다. 오랫동안 힘들게 건강한 관계를 쌓았다고 생각했는데 그 노력이 무색하게도 어느 순간 너무 쉽게 와르르 무너져 내린다. 그럴 때마다 이 노력이 형벌같기도, 불가능한 미션같기도 하다. 까뮈는 시지프스의 노동에 대해 "산정(山頂)을 향한 투쟁 그 자체가 인간의 마음을 가득 채우기에 충분하다. 행복한 시지프스를 마음 속에 그려보지 않으면 안 된다(Camus, 1942)."고 이야기했다. 행복한 시지프스라니. 산정을 향한 투쟁 그 자체로 충분하다니. 아름다운 조롱처럼 들리기도 한다. 그러나 생각해 보면 관계 형성이라는 것은 애초에 형용사가 아니다. 부단히 오르락 내리락하는 동사에 가깝다. 우리가 마음을 두어야 하는 것은 결과에 이르는 것이 아니라, 이러한 과정 속에서 서로를 배우는 행위가 아닐까?

민주적 학교문화 연구팀은 19명의 구성원이 2020년부터 계속 활동을 이어오고 있지만 아직까지 관계 형성 활동을 한다. 그리고 그때마다 여전히 서로를 잘 모른다는 것을 확인한다. 우리가 깨닫게 된 것이라면 서로를 이해하게 될수록 재미가 있다는 것이다. 자칫 서로의 다름 때문에 오해가 생길 수 있는 상황도 이제는 발견으로 바뀐다. 저 사람은 이래서 이런 순간에 이렇게 행동하는구나를 발견하고, 함께 이야기하고, 그 과정을 즐긴다. 그리고 저마다의 다른 부분만큼 보완한다. 서로를 배우는 행위인 것이다. 사람을 배우는 데 완성이란 없다. 우리는 계속해서 서로를 알아가는 기쁨을 온전히 누리고 싶다.

그렇지만 정말이지, 존재를 목적으로 대하는 관계를 만드는 일은 표현의 명쾌함과 아름다움에 비해 매우 고단한 노동이다. 김승희의 시 '장미와 가시'에는 이런 구절이 나온다.

> 가시투성이 삶의 온몸을 만지며
> 나는 미소 지었지
> 이토록 가시가 많으니
> 곧 장미가 피겠구나 하고.

앞서 관계 형성 과정의 고단함을 시지프스에 비유하기는 했지만, 사실 시지프스의 노동만큼 무의미한 것은 아님을 우리는 알고 있다. 오히려 꽃을 가꾸는 일에 가깝다. 가시를 품어 꽃을 피운다는 저 시처럼 관계를 만들어가는 과정은 아픈 일이다. 그렇지만 분명히 향기로운 꽃이 필 것이라는 믿음이 있다. 한철 지나 져버리는 꽃이라도 그 향기와 아름다움으로 행복을 삼고, 또 새로 필 꽃을 가꾸며 기다린다. 다만 중요한 것은 천천히, 꾸준히 가는 것이다.

대나무는 자랄 때 2~3년의 정체되는 시기를 거친 후 한꺼번에 성장한다고 한다. 그 3년 동안 뿌리를 내리고 그 뿌리의 힘으로 자란다는 것이다. 구성원들의 관계성은 공동체의 뿌리라고 말할 수 있다. 겉보기에 다 시들어버린 것 같은 화분도 뿌리가 죽지 않으면 금세 살아나는 것처럼 뿌리가 튼튼하면 시련에도 강건하다. 튼튼하게 뿌리 내린 관계를 딛고 저마다 자신의 존재를 꽃피울 수 있는 학교가 되길 꿈꾼다.

관계 형성 워크숍의 중점

관계 형성 워크숍을 디자인할 때 가장 중요하게 생각해야할 것은 구성원들이 이 시간과 공간에서 '편안함', '안전함', '신뢰감'을 느끼게 하는 것이다. 관계 형성 시간은 단순한 놀이 시간이 아니다. 구성원들에게 공동의 정서를 갖게 하는 일이자 각자의 보드랍고 여린 면을 드러내며 공감과 연민으로 연결되도록 하는 일이라고 할 수 있다. 그렇기 때문에 즐거운 유희를 나열하는 것으로 그 시간을 채워서는 안된다. 놀이의 종류와 순서를 고민하고, 놀이의 방법에 따라 그 안에 어떤 메시지를 담을 것인지를 모두 고려해야 한다.

이러한 맥락에서 관계 형성 워크숍 디자인 시에 중점적으로 고려해야할 점을 구체적으로 살펴보면 다음과 같다.

첫째, 공동체 구성원들에 대한 분석이 필요하다. 모든 워크숍이 그렇지만 특히 관계 형성 워크숍은 더 세심하게 구성원들의 생각과 감정을 고려하여 디자인해야 한다. 다른 워크숍들이 의사결정이라는 목적지를 향해 달려가는 것이라면 관계 형성은 사람 자체가 목적이기 때문이다. 나와 상대방이 온전한 목적지가 되어서 서로에게 닿을 수 있도록 하는 것, 그것이 이 워크숍의 결과물이다. 따라서 공동체 구성원들의 성향과 정서, 문화를 먼저 이해하고 그에 맞도록 디자인해야 한다. 똑같은 워크숍 프로그램을 똑같은 사람이 진행한다고 하더라도 공동체의 문화나 관계, 성향에 따라 결과는 전혀 다르게 나타난다. 잘 디자인된 관계 형성 프로그램은 사람들을 무장해제시키고, 이 공동체에서 내가 받아들여진다는 마음과 다음 워크숍에 대한 기대감을 갖게 함으로써 이후의 참여를 촉발시킨다.

둘째, 관계 형성이 왜 중요하고 우리에게 어떤 의미가 있는지에 대한 철학적 안내도 반드시 필요하다. 자신이 참여하고 있는 일이 어떤 의미를 가지고 있는지 인식하는 것은 참여의 질을 높이는데 중요하다. 대부분의 사람들은 의미있는 활동에 시간을 투자

하고 싶어 한다. 또한 자신이 하고 있는 행위에 어떤 의미를 부여하는 것 역시 좋아한다. 종종 워크숍을 하다 보면 사람들이 생각보다 관계 형성 활동을 중요하게 여기지 않는다는 느낌을 받는다. 그도 그럴 것이 명확한 결과물이 있는 '과업'이 아니기 때문에 중요한 의미가 있다고 생각하지 못할 수 있다. 무언가 더 중요한 것을 하기 전에 거쳐가는 도입 정도로 여기는 것이다. 없어도 되는 활동, 혹은 시간 낭비로 생각하는 경우도 있다. 그렇기 때문에 관계 형성이 공동체의 뿌리이며 더 안전한 공동체를 만들기 위해 반드시 필요한 일이라는 메시지를 구성원들에게 명확하게 전달하고 의미를 부여할 필요가 있다.

셋째, 활동 내용에 의미를 담아야 한다. 관계 형성 활동이 구성원들에게 인상깊은 경험으로 남도록 하려면 이 시간이 중요하다고 메세징하는 것만으로는 부족하다. 구성원들이 실제로 활동을 하면서 공감, 위로, 신뢰, 연대와 같은 감정을 느낄 수 있어야 한다. 그러려면 활동에 메시지를 담을 수 있어야 한다. 예를 들어 워크숍의 시작에 많이 활용하는 컨디션 점수 활동[3]은 현재 이 공간에 함께하고 있는 사람이 어떤 몸과 마음의 상태로 와 있는지 확인함으로써 서로 배려하고 공감할 수 있게 돕는다. 진행자는 마무리하면서 활동을 통해 교류된 정보를 바탕으로 서로를 배려할 수 있도록 안내하고 이 활동의 의미를 살짝 언급하는 것이다. 혹은 최면 놀이와 삼각형 만들기 활동[4]을 가지고 민주적 리더십에 대한 이야기를 끌어낼 수도 있다. 활동의 성격과 그 활동을 통해서 느낄 수 있는 경험을 메시지로 잘 만들 수 있다면 강력한 의미 전달, 정서의 공유가 이루어질 수 있다. 물론 모든 활동마다 의미를 담을 필요는 없다. 이번의 워크숍에서 전달하고자 하는 핵심적인 메시지 하나면 충분하다. 핵심적인 활동을 중심으로 기승전결을 갖추어 나가면 되는 것이다.

넷째, 사소한 것들에 주의를 기울여야 한다. 가장 대표적인 것이 물리적 환경 구성이라 할 수 있다. 우리가 흔히 간과하는 것 중 하나가 환경 구성의 중요성이다. 경험적으로 보았을 때 적절한 환경 구성이야말로 가장 쉽고 효과 좋은 마음 열기 전략이다. 밝고

3) 자신의 현재 컨디션을 1~10점 중의 점수로 나타내고 간단한 이유를 키워드로 적은 뒤 돌아가며 이야기 나눈다.

4) 최면놀이: 가운데 한 명(A)이 양 팔을 수평으로 벌린 채 손바닥이 보이게 펼친다. 각 손바닥 앞에 각각 1명씩 다른 사람(B,C)이 얼굴을 갖다 대는데, 손바닥과 얼굴이 20센티미터 정도 거리가 유지되도록 한다. 그리고 B와 C도 A와 똑같은 자세를 취한다. B와 C가 벌린 양 손바닥 앞으로 새로운 사람들이 한 명씩 붙는다. 모든 구성원이 이런 방식으로 자리를 잡으면 마치 프랙탈 구조처럼 된다. 이때 정 가운데 선 A가 천천히 몸을 움직이면 손바닥에 얼굴을 갖다 댄 사람들은 모두 일정한 거리가 유지되도록 손바닥을 따라 움직여야 한다.

삼각형 만들기: 모든 구성원이 흩어져서 선다. 각자 마음속으로 2명을 정한다. 자신과 그 2명을 꼭짓점으로 한 정삼각형이 되도록 이동하면서 모양을 만든다. 이때 자신이 정한 2명이 누구인지 알려서는 안 된다. 이 두 활동은 한사람에 의해서 주도되는 공동체(최면놀이)와 공동체가 서로 부단하게 조율해나가는 공동체(삼각형 만들기)를 비유적으로 설명할 수 있다.

깨끗한 공간, 편안한 테이블과 의자, 맛있는 간식은 기본적인 준비사항이다. 구성원의 성향에 맞는 음악, 꽃이나 소품으로 예쁘게 장식된 테이블, 정성껏 쓴 이름표 등으로 대접받는 느낌을 줄 수 있다. 더 나아가 구성원들의 기호에 맞는 간식을 맞춤형으로 준비하고 좋아하는 음악을 신청 받아 시작 전과 쉬는 시간에 트는 것도 좋다. 개개인의 선호를 반영하는 일은 사람을 이름없는 집단 구성원 중 하나로 보는 것이 아니라 한 명 한 명을 바라보고 존중한다는 느낌을 준다. '당신을 보고 있다'는 메시지를 던지는 일인 것이다.

인지 심리학자 김경일 교수에 따르면 인간 관계를 이해할 때 접근 동기와 회피 동기를 구분할 필요가 있다고 한다. 그에 따르면 접근 동기는 무언가 내가 좋아하는 것을 얻기 위해 열심히 일하는 것이고, 회피 동기는 내가 싫어하는 것으로부터 벗어나기 위해 열심히 일하게끔 하는 것을 뜻한다. 접근 동기는 Like로 나타나고 회피 동기는 Want로 나타난다. 한 실험에서 나(Me)를 기준으로 사고하게 한 그룹과 우리(We)를 기준으로 사고하게 한 그룹에게 똑같이 '너는 어떤 삶을 살고 싶어?'라고 물으면 나를 기준으로 할 때는 행복, 기쁨, 만족, 성취, 감동과 같은 접근 동기의 가치들이, 우리를 기준으로 할 때는 절대 다수가 안전, 평화같은 회피 동기의 가치들이 나타났다고 한다. '우리'라는 표현을 일상적으로 사용하는 한국은 회피 동기가 강한 사회이고, 따라서 상대방이 좋아하는 것보다 싫어하는 것에 대해 더 잘 알고 있다라는 것이다. 그러나 사람들이 감동받는 것은 자신이 싫어하는 것을 기억하는 것보다 좋아하는 것을 누군가 긴 시간 동안 기억해줄 때라고 한다. 이처럼 공동체에서 편안함을 넘어 만족과 기쁨, 성취를 경험할 수 있으려면 구성원들에게 Like를 제공할 수 있어야 하지 않을까? 그리고 그 시작은 누가 아메리카노를 좋아하고 누가 라떼를 좋아하는지와 같이 사소한 것들에서부터 온다.

사람의 마음은 생각보다 작고 사소한 것에 움직인다. 사소한 것들은 크고 화려한 것보다 더 저항없이 잘 스며들고, 준비한 사람의 세심한 배려를 잘 느끼게 한다. 모든 위대한 변화는 차례로 쓰러지는 도미노처럼 시작된다.[5] 그리고 하나의 도미노는 자신보다 1.5배가 큰 도미노를 넘어뜨릴 수 있다고 한다. 5cm의 첫 번째 도미노로 시작하면 8번째에는 90cm짜리 도미노를 넘어뜨릴 수 있게 되는 것이다(Papasan & Keller, 2013). 변화의 시작은 아주 작은 것에서부터 온다.

마지막으로 진행하는 사람의 마음가짐도 중요하다. 서두르지 않고 실망하지 않을 것, 오래 걸리더라도 사람들이 마음을 열어줄 거라고 믿을 것. 그리고 모든 사람에게는

5) 미국 소설가 B.J. Thornton

표현 뒤에 가려진 선함이 있을 것이라는 믿음도. 앞서 언급했듯이 관계를 형성한다는 것은 매우 지난하고 어려운 일이다. 상처받고 지치기도 쉽다. 그러나 우리 공동체의 사람들 역시 저마다 어떤 사연으로 냉담해졌을 것이다. 각자 다른 삶을 살았고 다른 경험을 했으며, 그 경험에서 생긴 배움이나 철학도 다를 것이다. 어떻게 보면 냉담한 사람들은 사람과 사회의 시스템에 대한 신뢰가 깨진 경험을 한 사람이다. 부정적인 경험과 상처가 그 사람의 가치관을 형성했을 것이고 그 가치관에 따라 행동을 한다. 관계를 새롭게 만들어 간다는 것은 결국 이들에게 새로운, 긍정적 경험을 하게 하여 가치관을 바꾸도록 돕는 작업이라고 할 수 있다. 그러니 당연히 쉬울 리 없고 빠르게 이루어질 수 없는 일이다. 시간이 오래걸리는 일은 오래 걸리는 것이 그 일의 본질이기 때문이라는 영화평론가 이동진의 말처럼 관계 형성은 오래 걸리는 것이 관계의 본질이기 때문이다.

쿠 퍼실리테이션 그룹의 대표 구기욱은 조직 문화를 바꾸는 데 리더의 해석이 중요함을 이야기하면서 구성원들에 대한 리더의 해석을 "왜 저래?"에서 "오죽하면"으로 바꿔야 한다고 말한다. 그리고 "정말 그러네"를 경험하게 하는 게 워크숍이라고 하였다. 나는 그것이 비단 리더에게만 해당되는 것은 아니라고 생각한다. 구성원들 모두가 서로에 대하여 "오죽하면"이라는 마음을 가지고 바라보면 좋겠다. 그리고 다양한 만남과 연결을 경험하면서 "정말 그러네"라고 느끼면 좋겠다. 그러기 위해서는 이 글을 읽고 한 발 내딛어보고자 하는 바로 당신부터 그런 마음으로 사람들을 바라볼 수 있어야 한다. 그것이 진행자의 역할이다. 다시 한 번 말하지만, 나도 종종 혹은 매번 실패한다. 그래서 한편으로는 이런 말을 하는 내 자신이 조금 겸연쩍기도 하지만, 그러면 좀 어떤가. 58% 함량의 금도 14K 금이라고 부르듯 순도 100%의 금만 금이 아니다. 실패해도 다시 해보고 다음에 할 때에는 100%에 조금이라도 더 가까워지는 삶. 우리는 그것을 노력이라고 부르고 성장이라 말한다. 그리고 노력과 성장은 언제나 값지다. 평생 100%에 도달하지 못할지라도.

첫 만남, 환대와 기대

환대란 타자에게 자리를 주는 행위, 혹은 사회 안에 있는 그의 자리를 인정하는 행위이다. 환대받음에 의해 우리는 사회의 구성원이 되고 권리들에 대한 권리를 갖게 된다. 절대적 환대, 신원을 묻지 않고 보답을 요구하지 않으며, 상대방의 적대에도 불구하고 지속되는 환대를 말한다.

김현경 - 사람, 장소, 환대

교사라면 모두 공감하겠지만 학교의 1년은 너무나 정신없고 바쁘다. 학교 구성원들의 엄청난 의지가 발휘되지 않으면 관계 형성 따위(응?)를 위해 1시간 이상 전 교직원이 한자리에 모인다는 것은 거의 불가능하다. 그래서 더욱 중요한 시간이 2월에 있는 새학년 준비 기간이다. 이때는 신구 구성원이 교체되면서 긴장과 설렘이 가득한 시기이다. 지난 1년 간 지배해온 관성이 깨지고 견고하던 결합들이 느슨해지는 기간이다. 해체와 통합을 새롭게 시도할 수 있으며 저항이 적다. 이 기간에 관계 형성 활동을 의미있게 실행하는 것은 매우 중요하다. 가장 강력한 첫 만남의 경험이자, 1년 동안 학교 생활에 대한 기대감을 불어넣을 수 있기 때문이다. 학교의 문화를 바꾸는 모멘텀을 만들 수 있는 첫 번째 도미노가 될 수도 있는 것이다.

첫 만남 관계 형성은 새로운 구성원들에게는 자신이 이 곳에 온전히 받아들여진다는 느낌을 갖게 하고, 기존의 구성원들에게는 내가 중요한 구성원으로 연결되어 있다는 기분을 느낄 수 있도록 해야 한다. 이는 곧 존재에 대한 깊은 환대라는 말로 바꾸어 볼 수 있다. 환대란 신원을 묻지 않고 보답을 요구하지 않는 것이며, 존재 자체로 수용된다는 느낌을 주는 것이어야 한다(김현경, 2015). 앞서 말했듯 아주 사소하고, 아주 조그마

한 따뜻함으로도 얼음에 균열을 낼 수 있다. 어렵지 않고 편안하게 참여할 수 있도록 사소한 따뜻함이 보이는 준비가 필요하다.

환대로 채우는 워크숍 디자인

<table>
<tr><th>활동 분류</th><th>내용</th><th>준비물</th></tr>
<tr><td>사전활동</td><td>○ 장미꽃으로 첫 만남 환대하기</td><td>장미꽃, 음악</td></tr>
<tr><td>모둠별 마음열기
(15분)</td><td>○ 삼각텐트 만들기
- 이름, 컨디션 지수(1~10)와 이유, 오늘의 기대</td><td>A4, 매직</td></tr>
<tr><td rowspan="2">모둠별 친해지기
(30분)</td><td>○ 손가락 접기</td><td></td></tr>
<tr><td>○ 자기 소개 네트워크</td><td>전지, 매직,
접착 메모지</td></tr>
<tr><td>전체 강의
(20분)</td><td>○ 관계 형성의 의미
- 경험 나누기(관계가 좋았던 학교 vs 관계가 좋지 않았던 학교)
- 두려움 없는 조직과 심리적 안정감</td><td>접착 메모지, 매직,
큰 게시판이나 칠판</td></tr>
<tr><td colspan="2">쉬는 시간(15분)</td><td>다양한 취향저격
간식, 음악</td></tr>
<tr><td>전체 친해지기
(30분)</td><td>○ 다양한 인사 나누기
○ 영혼의 단짝 찾기
○ 스타와 팬</td><td></td></tr>
<tr><td>성찰하기
(10분)</td><td>○ 5글자 소감나누기</td><td>(필요에 따라)
접착 메모지, 매직</td></tr>
</table>

1. 사전활동

첫 만남 관계 형성에서는 구성원 한 명, 한 명을 소중하게 여긴다는 느낌을 주는 것이 좋다. 그 시작을 장미꽃으로 해보면 어떨까? 연수 장소로 모이는 선생님들께 오시는 대로 한 송이 씩 장미꽃을 선물하는 것이다. 7성급 호텔 로비에서나 나올법한 우아한 음악과 함께 말이다. 새로운 학교에 발령받았거나 새롭게 모든 것이 바뀌는 2월에는 모두가 긴장하며, 혹은 어색해하면서 그 자리에 오게 된다. 이때 예상치 못한 장미꽃을 선물 받게 되면 마음이 한결 따뜻하고 편안해진다. 장미꽃 한 송이만으로도 금세 사람들의 분위기가 달라지고 자연스럽게 이야기가 오고 간다. 더불어 학교에 대한, 올 한 해에 대한 기대와 설렘으로 시작할 수 있다. 한 가지 더 세심한 배려를 한다면 선생님들의 좌석을 미리 배정하고 책상 위에 선생님들의 이름을 써서 붙여두는 것이다. 기존의 선생님들과 새로 오신 선생님들을 고르게 섞어서 배치하는 것을 추천한다. 미리 자신의 이름이 붙어있으면 더욱 환영받는 느낌을 받을 수 있고 자리를 고르는데 들어가는 피로와 긴장을 줄일 수 있다.

2. 모둠별 마음열기

세상에서 가장 어색한 시간들 중 하나를 이야기하라면 자기 소개 시간을 뽑는 사람이 꽤 많을 것이다. 각자의 학창 시절을 떠올려보면, 아니 그리 먼 과거까지 거슬러 올라가지 않더라도 어떤 모임에서 자기 소개를 해야했던 상황을 떠올려본다면 그 순간이 얼마나 곤욕스러운 순간인지 쉽게 상상할 수 있다. 어지간한 외향형 인간이 아니라면 말이다. 따라서 진행자는 소개하는 순서와 방법을 결정해서 안내해줄 필요가 있다. 진행자가 적극적으로 방식을 결정하기는 하나, 활동의 내용은 사람들이 수행하기에 자연스럽고 무리가 없는 내용으로 구성해야한다.

가장 많이 사용했던 활동은 '삼각텐트 만들기'이다.

삼각텐트 만들기

- A4 용지와 매직 하나를 가져간다.
- A4 용지를 다음 사진처럼 접는다. 맨 위쪽을 약 2cm 정도 접은 뒤 이 2cm를 빼고 나머지 부분을 3등분하여 접는다.
- 다 접으면 아래의 오른쪽 사진처럼 삼각형의 텐트 형태가 만들어진다.

↕ 약 2cm 접기
삼
등
분

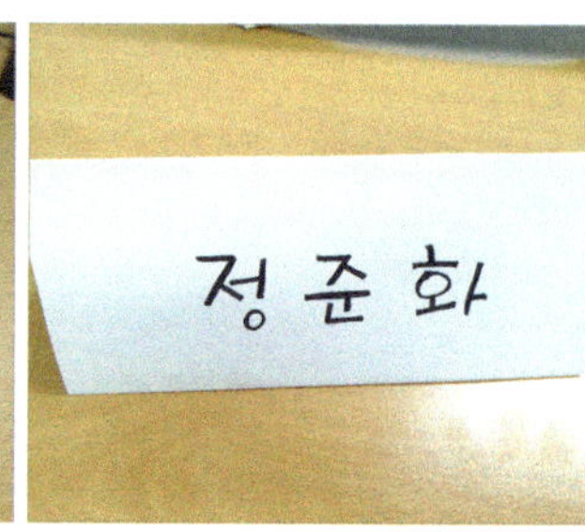

- 삼각텐트의 한 면에 사진과 같이 자신의 이름, 컨디션 점수와 이유, 오늘의 기대를 간단히 쓴다. 컨디션 점수는 1~10 중에서 좋을수록 높은 숫자를 쓴다. 그리고 그 점수를 주게 된 이유를 키워드 중심으로 쓴다. 아래에는 오늘 연수에 참여하면서 각자가 가지고 있는 기대를 키워드로 쓴다.
- 여기에서 이름을 제외한 질문의 내용은 상황에 맞게 바꾸어 제시할 수 있다.

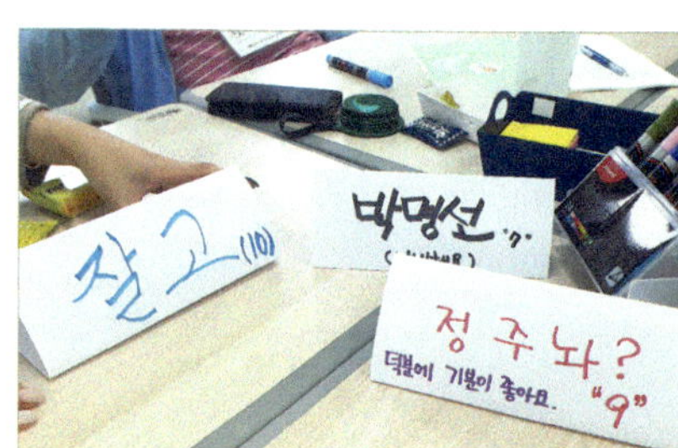

- 작성 시에는 많은 사람들이 볼 수 있도록 매직을 사용하도록 안내한다.
- 다 쓰면 삼각텐트를 세워서 서로 잘 볼 수 있도록 놓고 돌아가며 이야기를 한다.

모둠 안에서 다 이야기를 나누었으면 모둠에서 자율적으로 활동 끝 구호를 정하여 외치도록 한다. 모든 모둠이 활동을 끝내면 진행자는 남은 시간 내에서 모둠별로 1명 정도씩 전체 발표를 할 수 있도록 하는 것도 좋다. 필수는 아니지만 전체적으로 발표를 듣도록 해서 분위기를 모두가 공유하는 것도 정서적 연결을 만들어내는 데 좋다.

3. 모둠별 친해지기

친해지기 활동을 할 때에는 모둠 안에서 친해질 수 있는 활동을 먼저 넣는 것이 좋다. 전체활동보다 모둠활동을 먼저 하는 이유는 모둠 안에서 작은 단위로 친해진 다음에 전체로 나아가는 것이 마음의 부담이 덜하기 때문이다. 딱딱한 분위기를 풀고 서로에 대해서 자연스럽게 알아갈 수 있도록 돕는 활동의 예시를 소개한다.

손가락 접기

- 일명 '손병호 게임'이라고 불리기도 한다. 한 손을 모두 펼쳐 든 채로 시작한다.
- 모둠에서 돌아가면서 한 명씩 조건을 이야기한다. 예를 들어 "안경 쓴 사람 접어"라고 말하면 모둠 안에서 안경을 쓴 사람은 손가락을 하나 접어야 한다.
- 같은 방식으로 계속 돌아가면서 조건을 말하다가 5개의 손가락이 모두 접힌 사람이 술래가 된다.
- 술래가 된 사람에게는 간단한 벌칙을 적용하거나 질문에 답을 하게 하기도 한다. 혹은 이후 활동과 연계하기 위해서 술래가 된 사람에게 발표자나 모둠 진행자, 또는 기록자 등의 역할을 부여하기도 한다.
- 벌칙은 부담스럽지 않고 서로 친근감을 가질 수 있는 것들로 하는 것이 좋다. 놀이가 일이 되면 안 되기 때문이다. 예를 들면, (연수 장소에 간식이 있다면) 모둠원들을 위해서 간식 가져오기, 오른쪽 사람 칭찬 2가지 하기, 자기 자랑 2가지 하기 등이다. 3번 정도 한 다음에 마지막 턴에서 걸린 술래는 자리에서 일어나게 한 다음 모두 동시에 "나는 멋지다"를 3번 외치게 하는 벌칙을 주기도 했다.

손가락 접기 놀이 같은 경우는 짧은 시간에 분위기를 빠르게 고조시킬 수 있다는 장점이 있다. 그리고 조건을 말하기 위해서 서로를 살피게 된다. 자연스럽게 서로에게 관심을 가지게 되는 것이다. 마침내 술래가 나왔을 때 여기저기서 '아'하는 탄성이 터져 나온다. 조용하고 조심스럽던 공간의 분위기가 한순간에 달아오르는 것이다. 그러고 나면 사람들이 그 공간에서 좀 더 자유롭게 움직이고 말하는 것을 볼 수 있다. 이 놀이의 경우는 모둠원들 중에서 기록자나 발표자 등의 역할을 부여하기 위해 하기도 한다. 연습으로 1~2번 정도 한 뒤에 마지막 턴에서 역할을 부여하면 된다. 5분 정도의 짧은 시간으로 할 수 있는 놀이이다.

자기소개 네트워크

- 전지 한 장을 모둠에 깔아 놓고 각자 접착 메모지 1장과 매직을 가진다.
- 접착 메모지에 자신의 이름과 소개할 내용을 3가지 적는다.
- 소개할 내용은 어떤 것이든 상관이 없는데 생각보다 사람들은 자기를 소개할 말을 떠올리기 힘들어하는 경우가 많으므로 진행자가 예시를 이야기해주면 좋다.
  예) 성격, 혈액형, 고향, 좋아하는 것(음식, 책, 운동, 취미 등), 싫어하는 것, MBTI, 가족 구성원 등
- 각자 소개 내용을 적은 접착 메모지를 미리 깔아둔 전지 위 아무 위치에 붙인다.
- 각자 매직을 들고 서로가 적은 접착 메모지를 보면서 이야기 나누다가 공통점이 있으면 접착 메모지와 접착 메모지를 선으로 연결하고 그 선 위에 공통점을 적는다. 이때 꼭 접착 메모지에 쓰여있지 않더라도 대화를 통해서 알게 된 것이 있으면 연결하면 된다. 접착 메모지에 쓴 것은 대화의 발판을 삼기 위한 것이기 때문이다.
- 대화를 나누면서 최대한 많은 연결을 만들어 내도록 한다.
- 어느 정도 연결이 많이 생겼다면, 진행자는 모둠별로 모두에게 해당하는 공통점을 3가지 찾아내 전지의 가장자리에 적도록 안내한다.
- 다 적었다면 모둠별로 찾은 공통점 3가지를 발표하고 벽면에 게시한다.

이 활동은 대화를 활발하게 하여 서로에 대해서 알게 하는 것이 목적이다. 공통점을 찾아야 한다는 미션이 주어졌기 때문에 서로에 대해서 적극적으로 질문하고 이야기를 나누게 된다. 공통점을 찾을 때마다 서로를 친근하게 느끼게 되기도 한다.

여기까지의 목적이 이 활동의 드러난 목적이었다면 이 활동의 숨겨진 목적은 '우리는 모두 연결되어 있음'을 느끼게 하는 것에 있다. 진행자는 활동이 끝난 후에 우리가 모두 다르게 살아왔고 다른 모습을 하고 있지만 모두 연결되어 있다는 것을 이야기해준다. 그리고 '여기에 있는 모두의 공통점은 무엇일까요?'하고 물어본다. 여기저기서 'OO 학교 교직원'이라는 대답을 하게 될 것이다. 우리가 하나의 공동체 구성원이라는 연대 의식을 불어 넣어주는 것이다. 이렇게 어떤 활동을 하고 난 뒤에는 바로 끝나는 것이 아니라 활동에 대한 의미를 짚어주는 것이 좋다. 사람들이 활동에 더욱 진지해지고 점차 다른 마음가짐을 가지게 될 것이다.

4. 전체 강의

관계 형성 활동이 왜 중요하고 이것이 학교 문화에서 어떤 의미를 갖는가에 대한 철학을 부여해주는 단계이다. 관계 형성은 학교에서 소홀하게 생각하기 쉬운 부분이다. 또한 관계 형성이 2월의 첫 만남 때 한 번 실시되고 끝나는 경우도 흔하다. 단순히 노는 것만이 아니라 공동체의 문화에서 관계를 쌓는 것이 왜 중요한지에 대하여 설명하고 동기를 부여하는 것은 향후에 교직원들의 참여도와 태도에 영향을 미치는 중요한 작업이다.

여기에서는 교직원들의 경험을 통해 관계가 좋았던 학교와 관계가 좋지 않았거나 소통이 없었던 학교에서 어떤 것을 느꼈는지 이야기하고 이를 토대로 관계 형성의 중요성에 대하여 설명한다. 이 때 앞서 소개한 『두려움 없는 조직』 속 항공기 참사를 사례로 하여 조직에서 심리적 안정감과 안전한 공동체의 중요성을 이야기할 수 있다.

경험 나누기

- 접착 메모지를 2장씩 가지고 매직으로 각각 '관계가 좋았던 학교에서의 경험'과 '관계가 없는 학교에서의 경험'을 떠올려 어떤 느낌이었는지 느낌말로 쓴다.
- 다 쓴 접착 메모지는 앞에 전체 칠판이나 게시판에 두 종류로 나누어 붙인다.
- 진행자는 접착 메모지 내용을 읽으면서 관계 형성이 필요한 이유에 대해서 구성원들과 이야기를 나눈다.

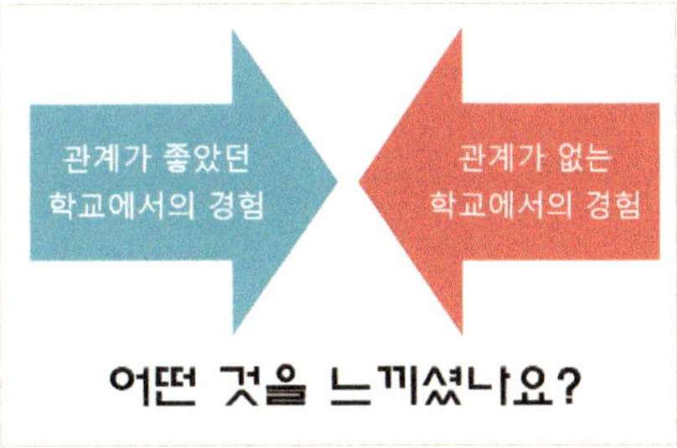

두려움 없는 조직과 심리적 안정감

앞서 여러분들의 경험을 통해 살펴본 것처럼 우리가 우리의 공동체를 편안한 공동체로 만드는 것은 중요해요. 관계 형성은 개인적 차원에서도 만족감을 주지만 조직의 참여와 성장에서도 중요한 원동력이 된다고 해요.

『두려움 없는 조직』이라는 책은 조직에서 심리적 안정감이 왜 중요한지를 잘 설명하고 있어요. 1990년 보스턴 대학교의 윌리엄 칸 교수가 심리적 안정감이 어떻게 구성원들의 참여를 북돋울 수 있는지를 증명해냈다고 해요. '자신이 조직에서 중요한 존재로 인식된다는 믿음'과 '충만한 심리적 안정감이 구성원의 참여'를 이끌어낸다는 사실을 밝혀낸 거죠. 여기에 더해 신뢰와 존경을 바탕으로 한 조직일수록 자기가 제시한 의견이 좋은 결과로 이어질거라 믿는 비율이 더 높다는 사실도 밝혀냈다고 합니다.

조직에서 두려움이 성장 동력이 될 수 없는 이유는 파블로프 실험에서 증명되었어요. 파블로프는 1924년 레닌그라드 홍수 이후에 자신의 연구실에서 기르던 개 수십 마리의 학습 능력이 현격하게 저하됐다는 사실을 밝혀냈다고 해요. 발견 당시 개들은 물 위로 코만 겨우 내놓을 만큼 생사의 기로에 놓여있었어요. 그리고 이 두려움의 기억은 개의 학습 능력을 앗아갔습니다. 이후 신경과학자들은 연구를 더 발전시켰는데, 두려움이 편도체, 즉 위협을 감지하는 뇌 영역을 활성화하고, 체내의 자원을 엉뚱한 곳에 써버린다는 것을 알아냈습니다. 두려움은 또한 분석적인 사고능력과 창의적 통찰력, 문제 해결 능력까지 저하시킨다고 알려졌어요. 두려움이 만연한 조직에서는 발전이 없는 거죠.

심리적 안정감과 안전한 공동체의 여부가 얼마나 큰 차이를 보여주는지 두 가지 상반된 사례가 소개되어 있어요.

소통부재가 가져온 참사: 테네리페 공항참사

첫 번째 사례는 1977년 테네리페 공항의 참사입니다. 테네리페 섬 공항 활주로에서 두대의 비행기가 충돌하여 583명의 탑승객이 사망하는 사고가 발생해요. 당시 KLM 네덜란드 항공기의 기장은 상당한 권위와 권한을 가진 사람이었다고 해요. 사고 당일, 기장은 자신의 판단과 능력을 신뢰한 나머지 활주 속도가 너무 빠르다는 부기장의 의견을 무시했고 관제탑의 이륙허가를 받기 전에 이륙을 일방적으로 통보했어요. 부기장은 이륙 허가를 기다리자는 말을 한 번 더 내뱉지 못했어요. 두려웠던 거죠. 그 시간 다른 쪽 활주로에서 먼저 이륙 해야했던 팬암 항공기는 아직 활주로를 벗어나지 못하고 있었고, 항공기장이 이 내용을 기장에게 보고했으나 기장은 다시 이를 무시하고 이륙 절차를 밟았습니다. 모두 입을 닫아버렸고 결국 두 항공기는 활주로에서 충돌해버리고 말아요.

허물없는 소통의 힘: 허드슨 강의 기적

반면에 허드슨 강의 기적이라는 영화로도 제작되었던 2009년 맨해튼 비행기 사고가 있습니다. 맨해튼에서 노스캐롤라이나로 향하던 비행기가 이륙 90초 만에 새떼와 부딪혀 양쪽 엔진이 망가져요. 버드 스트라이크가 발생했던 거죠. 되돌아갈 수도 나아갈 수도 없는 순간이었는데, 정책상 이런 예상 밖의 상황에서는 '상식선에서 현명하게 판단하여 대처하라'는 지침이 조종사에게 떨어진다고 해요. 즉 '재량껏 알아서 하라'는 뜻인 거죠. 이 순간 기장은 부기장의 권한을 모두 가져오는 대신 부기장이 착륙에 필요한 장비를 효과적으로 챙길 수 있도록 권한을 위임했어요. 그는 부기장의 능숙함을 알고 있었다고 해요. 왜냐하면 당시 기장은 구성원 간의 긴밀한 의사소통을 비롯해 리더십과 단호한 의사결정을 중시하는 교육프로그램의 교관이었거든요. 부기장과 기장 사이에는 심리적 안정감이 공유되어 있었던 거죠. 둘은 침착하지만 명료한 의사소통을 지속했어요. 그러나 거듭된 회항 실패로 기장은 결국 허드슨 강에 비상 착륙하기로 결정하게 됩니다. 관제탑과 기장은 강 위 착륙에 대해 간단하지만 정확히 교신했고 이 때 의사소통 상의 오해는 없었다고 해요. 또 조종실에서는 승무원과 승객에게 상황을 알리고 충격에 대비하도록 했고요. 착륙 순간 충격은 있었지만 착륙은 성공했고 강변에서 대기하던 구조용 선박이 모든 승객을 신속히 구했습니다. 기적이 일어난 거죠.

이날 기장, 부기장, 관제사, 승무원 사이에 오간 대화는 몇마디 뿐이었다고 해요. 이 점은 중요한데, 심리적으로 안정된 분위기라고 해서 대화가 한없이 늘어지지는 않는다는 걸 말해줍니다. 오히려 심리적 안정감이 낮을 수록 논쟁이 발생할 가능성이 높고 대화나 회의에 필요 이상으로 많은 시간이 소모되는 것으로 나타났다고 해요. 책에서는 이날 이들의 침묵은 두려움에 기인한 것이 아니라 심리적 안정감이 충만하여 '서로 말하지 않아도 아는 지경'에 까지 오른 상태였다라고 표현하고 있어요.

5. 쉬는 시간

쉬는 시간도 워크숍에서는 매우 전략적인 시간이 될 수 있다. 풍부한 간식과 적절한 음악이 있으면 더 좋다. 음악이 중요한 이유는 사람들이 이야기를 하기 위해 목소리를 내는 것을 더 쉽게 만들어주기 때문이다. 어색한 관계일 때 조용한 공간에서 떠들기란 쉽지 않다. 내가 말하는 소리가 다른 사람에게 들리고, 말하는 내용이 다 알려진다고 느껴지면 자유롭게 이야기하기가 어렵다. 매우 조용한 소리로 옆 사람과 속삭이는 것이 전부다. 그러나 음악을 조금 활발한 것으로 틀어주게 되면 음악 소리에 목소리가 묻히기 때문에 사람들은 더 편안하게 이야기를 나누게 되고 목소리도 높아진다. 신기한 것은 목소리가 높아지면 몸의 움직임도 활발해진다는 점이다. 사람들의 에너지가 좀 더 자유롭게 바뀌는 것이다. 음악은 사람들이 이 공간에 조금 더 친숙해질 수 있도록 돕는다.

서로에 대해 조금 알게 된 단계에서 쉬는 시간을 가지게 되면 사람들은 저마다 서로에게 말을 걸고 이야기를 하고 싶어 한다. 간식을 권하기도 하고 활동을 통해 알게 된 내용을 발판 삼아 더 구체적인 대화를 나누기도 한다. 앞에서 했던 활동이 진행자에 의한 강제적 친교였다면 이 시간은 자율적인 친교가 일어나는 시간이다. 그렇기 때문에 15분 정도의 충분한 시간을 주는 것이 좋다. 15분 후에 사람들이 저마다 떠들고 이야기하느라 시작 시간에 집중이 안 된다면 노여워하거나 초조해하지 않길 바란다. 당신의 관계 형성 프로그램은 성공한 것이다.

6. 전체 친해지기(30분)

모둠에서 얼굴을 익혔다면 전체적으로 구성원을 만나는 시간이다. 모둠에서의 친분을 바탕으로 좀 더 편안하게 전체와 만날 수 있다. 이 때의 활동은 공간을 넓게 이용하면서 여러 사람이 동시다발적으로 자유롭게 만나고 얼굴을 익히는 것, 그리고 즐거운 경험을 할 수 있도록 구성하는 것이 좋다. 의미있는 대화가 오고 가도록 구성하는 것도 추천한다. 대표적인 활동의 예를 3가지 정도 소개하고자 한다.

다양한 인사 나누기

- 모두 일어나서 넓은 공간으로 나간다.
- 진행자가 시작을 외치면 1대1로 만나서 진행자가 지정한 인사 방법대로 인사를 나누면서 돌아다닌다.
- 예를 들어 진행자가 "1대1로 만나서 악수하면서 '안녕하세요?' 하면서 인사하세요."라고 하면, 사람들은 서로 악수하면서 인사말을 한다. 인사가 끝나면 헤어지고 다시 다른 사람을 만나서 악수하며 인사말을 한다.
- 진행자는 1분 정도 후에 "멈추세요"라고 말하고, 참여자들은 그 때 인사를 나누고 있던 사람과 짝이 된다.
- 진행자는 짝이 된 사람과 통성명을 한 뒤 서로 인터뷰를 하도록 안내한다. 인터뷰 내용은 진행자가 다양하게 정할 수 있다.
  예) '가장 좋았던 여행지는?', '나만의 맛집 소개', '1억이 있다면 뭘 할 것인가?', '하루 중 가장 행복한 시간과 이유는?', '올 해 나의 계획은?'
- 진행자는 대화가 끝났을 때 쯤 다시 새로운 인사 방법을 알려주고 인사를 하며 다니도록 한다. 인사
  예) 하이파이브 하기, 발 부딪히기, 배꼽 인사하기, 주먹 인사하기 등
- 다시 1분 정도 흐른 뒤에 멈추게하고 다음 인터뷰 질문을 제시한다.
- 이런 방식으로 3~5회 정도 진행한다.

영혼의 단짝 찾기

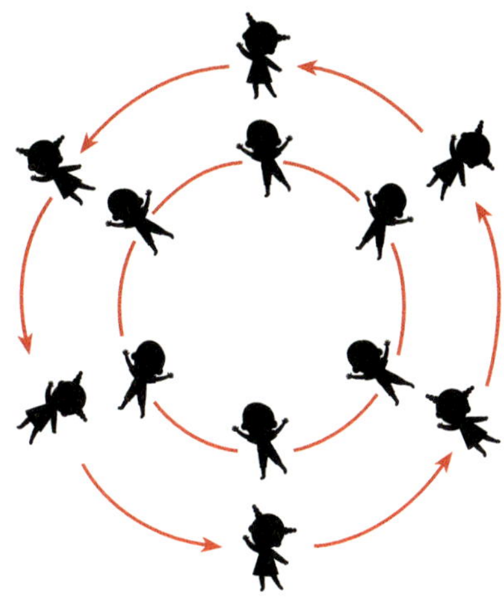

- 다음 그림처럼 2명씩 짝을 짓고 안쪽 원과 바깥쪽 원으로 두 개의 원을 만들어 마주보고 선다.
- 진행자가 두 개의 제시어를 말한 뒤 "하나, 둘, 셋"을 외치면 마주보고 있는 짝끼리 둘 중에 좋아하는 것 하나를 선택해서 동시에 외친다. 두 사람이 같은 것을 선택했다면 하이파이브를 하고, 다른 것을 선택했다면 배꼽 인사를 한다.
- 예를 들어 제시어가 '짜장, 짬뽕'이라면 자신이 좋아하는 것을 선택해 동시에 외치는 것이다.
- 끝났다면 안쪽에 선 사람이 왼쪽으로 한 자리 이동하고 새로운 짝을 만나서 위의 과정을 반복한다.
- 제시어는 다음과 같이 다양하게 줄 수 있다.
  예) 강아지, 고양이/ 소주, 맥주/ 산, 바다/ 호텔, 캠핑/ 패키지 여행, 자유여행/ 아이폰, 갤럭시/ 뜨거운 아메리카노, 아이스 아메리카노/ 치킨, 피자 등
- 제시어의 맨 마지막은 '올 한 해 학교 생활 행복할 것 같다' 와 '올 한 해 학교 생활 힘들 것 같다' 등과 같이 모두가 긍정적인 메시지로 답할 수 있는 것을 넣으면 좋다. 힘찬 파이팅으로 놀이를 마무리 할 수 있을 것이다.

스타와 팬

- 1대1로 만난다.
- 가위바위보를 하는데 진 사람은 한 번 질 때마다 다음의 순서대로 자세를 취한다.
- 한 쪽 무릎 꿇기 → 양쪽 무릎 꿇기 → 한 손바닥 땅에 대기 → 두 손바닥 땅에 대기
- 두 손바닥 모두 땅에 닿으면 진 것이다.
- 진 사람은 이긴 사람의 뒤에 어깨동무를 하여 한 몸이 된다. (옆으로 팔짱을 껴도 된다)
- 2대 2로 만나서 맨 앞사람(이긴 사람)끼리 다시 가위바위보를 한다. 앞 사람이 질 때마다 뒷 사람도 같은 자세를 따라 취한다. 진 팀은 이긴 팀 뒤로 가서 붙는다.
- 4대 4, 8대 8, 그리고 한 줄이 될 때까지 반복한다.
- 한 줄이 되고 나면 맨 앞사람이 스타가 된다.
- 뒷 사람들은 맨 앞사람의 이름을 외치면서 한 줄 기차로 한바퀴를 돈다.
- 스타를 빼고 나머지 사람들이 가운데를 보고 2열 종대로 서면 스타는 그 가운데를 런웨이처럼 걸으며 지나간다. 사람들은 박수와 환호로 스타를 응원한다.
- 두 번 정도 실시하면 좋다.

7. 성찰하기(10분)

성찰하기는 활동을 통해 느낀 점을 같이 공유하는 시간이다. 짧지만 강력한 마무리가 된다. 각자의 감정을 공유하는 것을 통해서 새로운 감정이 생겨나고 연대감이 확장된다. 대표적으로 많이 했던 활동은 5글자 소감 나누기이다. 모둠 안에서 소감을 돌아가며 말한 뒤에 전체 발표를 모둠별로 한 명씩 하게 하거나 2~3명 정도 발표하여 전체가 공감하는 순간을 가지고 끝낸다. 소감을 나눌 수 있는 활동이면 어떤 것이든 상관없다. 중요한 것은 느낀 감정을 각자 한 번씩 정리하고 말로 표현하며, 모두가 함께 그 이야기를 듣는 것이다.

5글자 소감 나누기

- 오늘 느낀 감정을 5글자로 정리하도록 안내한다.
- 준비가 됐으면 모둠 안에서 돌아가면 이야기하는데, 손가락을 펼쳐서 하나씩 접으면서 이야기한다.
- 할 이야기를 접착 메모지에 적게 하기도 하는데 구성원들의 피로도를 보면서 결정한다.
- 접착 메모지에 쓸 경우에는 하나의 종이에 모아서 피드백으로 활용할 수 있다.

대체할 수 있는 활동들을 소개한다. 다음 놀이는 어떻게 활용하느냐에 따라 마음열기, 소개하기, 친해지기, 역할 정하기 등으로 활용 가능하므로 모둠 놀이와 전체 놀이로만 구분하였다.

모둠 놀이

이미지 카드로 이야기하기

- 이미지 프리즘 카드[6]를 모둠별로 테이블에 펼쳐 놓는다.
- 주제 질문을 던진다. 예를 들어 '관계 맺기란 무엇일까?', '요즘에 나의 고민은?', '내가 가장 행복한 순간은?' 같은 질문이다.
- 각자 질문에 대한 답을 생각하고 프리즘 카드의 그림 중에서 가장 어울리는 그림을 고른다.
- 그림 위에 접착 메모지를 한 장 붙이고 매직으로 그 그림의 의미를 키워드로 쓴다.
- 모둠에서 돌아가며 그것을 고른 이유를 설명한다.

이름 빨리 외치기

- 모둠원의 이름을 기억한다.
- 가위바위보를 하여 술래를 1명 정한다.
- 술래는 모둠원 중 1명의 이름을 기습적으로 3번 외친다.
- 술래에게 이름을 불린 사람은 자신의 이름이 3번이 불리기 전에 술래의 이름을 1번 외치면 산다.
- 만약 술래가 자신의 이름을 3번 다 부르는 동안 술래에게 이름을 불리고 있는 사람이 술래의 이름을 외치지 못하면 그 사람이 새로운 술래가 된다.
- 예를 들어 술래(문동은)가 모둠원 중 박연진의 이름을 외친다면, 박연진은 자신의 이름이 3번 불리기 전에 문동은을 한 번 외치면 된다.

4글자 이름 짓기

- 각자 자신의 이름에 한 글자를 넣어서 새로운 의미의 낱말을 만든다.
- 한 글자를 넣는 위치는 어디든 상관이 없다. 예를 들어 정준화라면 '안정준화', '정리준화', '정준화목' 등으로 만들 수 있다.
- 각자 접착 메모지에 만든 이름을 쓴 뒤 모둠에서 돌아가며 소개하고 그렇게 이름을 붙인 이유를 말한다.
- 그날은 새로 만든 이름으로 부르는 규칙을 제시하는 것도 재미있다.

---

6) 다양한 사진 이미지로 된 카드로 상징적인 의미를 드러내는 활동에 사용하기 좋다.

릴레이 인사 나누기

- 진행자는 먼저 모둠 안에서 인사를 나누도록 안내한다.
- 대부분 목례를 하면서 '안녕하세요?'라고 인사를 한다.
- 진행자는 방금 했던 인사법을 빼고 새로운 인사 방법을 각자 하나씩 생각하라고 말한 뒤 일정한 시간을 준다. 방법은 어떤 것도 상관없지만 일정한 동작이 들어가도록 한다.
- 다 결정했으면 모둠에서 한 명이 자신이 만든 인사법으로 모둠원에게 인사를 한다.
- 모둠원은 그 사람의 인사법을 따라서 답인사를 한다.
- 다음 사람도 자신이 만든 인사법으로 모둠원에게 인사를 하고 나머지는 따라서 답인사를 한다.
- 이런 방식으로 한 바퀴를 돌아간다.
- 모두 한 바퀴를 돌았다면 모둠에서 가장 재밌었던 인사법을 하나 뽑는다.
- 한 모둠씩 일어나서 전체 사람들을 향해 선택한 인사법으로 인사한다.
- 나머지 모둠에서 똑같이 따라서 인사한다.
- 전체 모둠이 다 돌아가면서 인사한다.

전체 놀이

가위 바위 보 빙고

- 3*3 빙고판을 준비한다.
- 빙고판을 들고 다니며 1대1로 만나 가위 바위 보를 한다.
- 진 사람은 이긴 사람의 빙고판에 자신의 이름을 적어준다.
- 헤어지고 다른 사람을 만나 가위바위보를 한 뒤에 이름을 모은다.
- 2줄 또는 3줄 빙고를 채우면 자리에 앉는다.

※ 변형 놀이- 인간 보물 찾기

- 빙고판에 각각 간단한 조건을 적어둔다.
- 1대1로 만나서 인사하고, 각각 빙고판의 질문 중에서 한 가지를 정해 물어본다.
- 질문에 해당이 되면 그 칸에 상대방의 이름을 적는다.
- 2줄 또는 3줄 빙고가 완성되면 앉는다.
- 인간 보물 찾기 빙고판의 예시는 다음과 같다.

최근 한 달 이내에 책을 1권 이상 읽은 사람	반려동물을 키우는 사람	형제 자매가 있는 사람
커피를 좋아하는 사람	짝수 년도에 태어난 사람	수학을 좋아하는 사람
유럽에 가본 사람	머리 3일 이상 안 감은 적 있는 사람	노래방에서 100점 받아 본 사람

해시태그 소개하기

- 각자 큰 사이즈 접착 메모지를 한 장씩 가진다.
- 매직으로 자신의 이름을 쓰고 해시태그(#)를 3개 달고 자신을 가장 잘 표현하는 3가지 키워드를 쓴다.
- 돌아가며 이야기 나눈다.
- B4 정도의 큰 종이나 전지에 모둠원이 쓴 접착 메모지를 모아 붙인다.
- 각자가 쓴 소개를 보면서 각자의 특징이 들어간 모둠 이름을 정하여 위의 종이에 제목으로 쓴다.
- 모둠별로 발표한다.

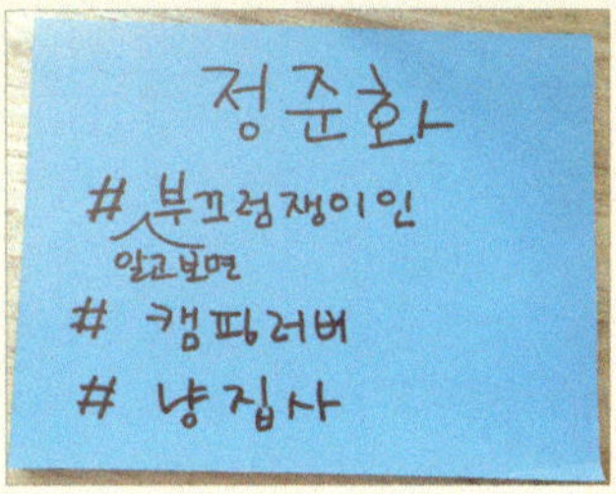

전체 친해지기 놀이

불멸의 신

- 가위바위보를 하여 순서대로 진화를 하면 이기는 놀이이다.
- 진화의 순서는 다음과 같다. 알 → 병아리 → 닭 → 용 → 신
- 각 단계별로 동작이 있는데 동작은 다음과 같다.
  - 알: 머리 위로 손을 동그랗게 해처럼 모았다가 벌렸다가를 반복하며 "알, 알, 알, 알" 소리를 낸다.
  - 병아리: 왼손 위에 오른손을 겹친 뒤에 입 앞에 가까이 대고 "삐약삐약" 소리를 낸다.
  - 닭: 손을 날개처럼 양 옆으로 펼치고 날개짓을 한다. "꼬꼬댁" 소리를 낸다.
  - 용: 티라노 사우르스 앞발처럼 두 팔을 위아래로 올렸다 내린다. "크악!" 하고 소리를 낸다.
  - 신: 신은 팔짱을 끼고 거만한 표정을 지으며 천천히 한바퀴 돌다가 자리에 앉는다.
- 위 단계를 숙지한 채 모두 일어나서 1대1로 만난다.
- 이때 모두 1단계의 알 상태이다. 머리 위로 손을 벌렸다 모았다 하면서 "알, 알, 알, 알" 하며 다니다가 1대 1로 만난다.
- 가위바위보를 해서 이긴 사람은 다음 단계로 진화한다. 알 상태에서 지면 그대로 알이다.
- 병아리는 병아리끼리, 알은 알끼리 만나서 가위바위보를 한다. 이때 병아리끼리 가위바위보를 해서 이긴 사람은 다시 알로 내려가고 이기면 닭이 된다.
- 신이 된 사람은 자리에 앉는다.
- 놀이의 종료는 진행자가 임의로 정하는데 신이 5명 나올 때까지 또는 모든 단계가 1명씩 남을 때까지 등으로 정한다.

비행기 날리기

- A4 용지에 매직으로 가운데 이름을 쓴다.
- 진행자는 두 가지 질문을 제시하고 이름의 위와 아래에 각자 질문에 대한 답을 쓴다.
  질문은 목적과 상황에 따라 다양하게 제시할 수 있다. 예를 들어 ① 작년 한 해 동안 가장 보람 있었던 일은? ② 올해 나의 계획은? 등으로 제시할 수 있다.
- 각자 쓴 종이를 비행기로 접는다.
- 접은 비행기를 들고 전체가 동그랗게 둘러 선다.
- 가운데를 향해 비행기를 날린다.
- 자기와 가까운 곳에 떨어진 비행기를 하나 줍는다.
- 비행기를 펼쳐서 나온 이름의 주인공을 찾아가 그 종이에 적힌 이야기에 대해 듣는다.
- 다 들은 다음에는 칭찬이나 덕담을 한 뒤 비행기를 주인에게 돌려주고 자기 자리로 온다.
- 이때, 1대1로 매칭이 되지 않기 때문에 내 비행기의 주인이 다른 누군가와 이야기를 나누고 있다면 기다리거나 나를 찾아온 다른 사람과 먼저 이야기를 나누면 된다.
- 모두 자기 비행기를 받았다면 다시 원으로 둘러서서 한 번 더 던지고 위의 과정을 반복한다.

차례대로 앉기

- 전체가 동그랗게 의자에 둘러 앉는다.
- 진행자는 좌석에서 처음과 끝자리를 지정한다.
- 진행자가 일정한 조건을 정하면 참가자들은 그 기준의 순서에 맞게 자리를 옮겨 앉는다.
- 예를 들어서 '이름 순으로 앉으세요'라고 한다면 시작 자리에는 강××, 다음 자리에는 나☆☆, ·· 순으로 앉는 것이다. 태어난 생일 순으로 앉아도 재미있다.
- 이때 대화하지 않고 느낌으로 찾아서 앉도록 하기도 하고 서로 대화하면서 찾아가게 하기도 한다.
- 다 앉고 나면 순서대로 자신의 이름을 이야기하고 맞게 앉았는지 확인한다.
- 틀렸다면 다시 한 번 기회를 주고 제대로 앉게 한다.

학기 중 만남, 이해와 연결

다름을 경험하며 이해로 나아가기

구성원들 간의 관계 쌓기는 한 번의 멋진 프로그램으로 완성되는 것이 아니다. 학교는 끊임없이 갈등이 생겨나고 새로운 도전을 맞는 곳이다. 그 과정에서 잘 쌓아온 관계가 무너져버리기도 하고, 반대로 어색했던 관계가 끈끈해지기도 한다. 지속적으로 관심을 두고 공들여 가꾸어 나가야 유지될 수 있다. 첫 만남 관계 형성에서의 포인트가 새로운 구성원에 대한 환대와 공동체에 대한 기대감 조성이었다면 학기 중에는 구성원에 대한 깊은 이해와 연결에 중점을 둔다.

이해와 연결은 서로의 다름을 깨닫고 인정할 때 비로소 이루어진다고 할 수 있다. 어느 누구도 동시에 나와 같은 자리에 설 수 없다[7]는 말처럼 우리는 모두 다르다. 다름을 받아들이는 것. 이제 조금은 식상한 말이 되었지만 그 흔함에 비해 그렇게 살아가는 것은 녹록치 않은 일이다. 다름을 받아들이는 것이 고통이 되는 이유는 상대방의 '다름' 앞에 서게 될 때마다 그것을 자신의 내적 잣대에 의해 '그름'이라고 재단하기 때문이다. 자꾸만 설득하고 싶어지고 옳지 않음을 깨우쳐주고 싶어진다. 받아들이지 않으면 이내 상대에 대해 냉담해지고 말문을 닫는다. 그리고는 나와 뜻을 같이하는 사람들과 만나 내가 옳았음을 증명받고 안락한 우리만의 세상에 머무른다. 그리고 때로는 내 생각에 대한 정당성을 수적 우위에 기대어 객관성이라는 이름을 붙여 드러내기도 한다.

7) 쿠 퍼실리테이션 대표 구기욱

안전하게 다름을 경험하기 위한 다양한 방법들

그러나 우리는 경험을 통해 알고 있다. 수적인 우세가 반드시 옳은 것은 아니라는 것을. 컴퓨터의 알고리즘이 확증편향을 부추기고 진영 갈등을 심화시키듯 어쩌면 우리는 자신만의 거대한 사회적 관계의 알고리즘 속에 살고 있는지도 모른다. 그럴 때마다 '모든 사람은 현명하다'라는 퍼실리테이션의 제1철학을 기억해야할 필요가 있다. 틀렸다고 생각하는 주장도 그들의 내부에서는 나름의 논리를 가지고 있을 때가 있다. 다름을 만났을 때, 심지어 그름을 만났다고 생각될 때 조차도 상대의 이야기에 일단 귀 기울일 줄 아는 것, 그의 입장에서 헤아려 보는 것이 필요하다. 그의 이야기에서 어떤 빛나는 선함이 있는지를 찾아볼 수 있을 때 비로소 그와 연결되고 그의 생각과 연결될 수 있다. 이는 극단적 상대주의를 옹호하자는 말이 아니다. 이해를 한다는 것은 용인하고 수용하는 것과는 다른 차원이기 때문이다. 다름으로 인해 생기는 의견의 편차는 공동체의 논의를 통해 합의해야 하는 것이다. 그러므로 개인적 차원에서 서로의 옳고 그름에 집착할 필요는 없다. 서로의 다름을 이해하고 연결될 수 있다면 모두의 다름을 모아 지혜로 나아갈 수 있다. 원래 민주주의가 그런 것이 아닌가? 세상은 모두의 개성을 녹여 똑같은 하나로 만드는 멜팅 팟이 아니라 다양한 구성원들이 각자의 색깔과 향기를 지니며 공존하는 샐러드 볼이어야 한다. 자연 생태계의 모든 생명체들이 그러하듯이.

다름을 받아들이는 태도는 다름을 경험하면서 형성된다. 구성원 간의 깊은 이해와 연결을 위해 안전하게 조성된 환경에서 다름을 경험하게 하는 것이 필요하다. 따라서 학기 중의 관계 형성은 서로의 다름이 드러나는 상황들을 만들고 이야기할 수 있도록 하는데 그 초점이 있다. 사소한 다름들이 오해로 굳어지기 전에 이해로 갈 수 있도록 돕는 것이다. 이러한 이해의 경험들은 나아가 동료성을 구축하게 하고 학교 안에서 혼자가 아니라 '우리'가 함께 연결되어 있음을 느끼게 한다. 관계의 핵심은 결국 '다름을 이해하고 서로 연결되는 것'에 있다. 이 문장이 드러내는 선연한 단순함. 진리는 언제나 가장 단순한 곳에 있다.

활동 분류	내용	준비물
모둠별 마음열기 (10분)	◦ 느낌 카드로 체크인 하기 - 느낌 카드 중에서 오늘 나의 기분을 가장 잘 나타내는 것 2장 골라 이야기 나누기	그로그 카드 중 느낌카드

활동 분류	내용	준비물
그라운드 룰 (5분)	○ 그라운드 룰 안내하기 - 상대방의 말 끝까지 경청하기 - 혼자서 발언을 독점하지 않기 - 서로에 말에 호응해주기 - 단정적인 표현(그거 해봤는데 안 돼, 이렇게 하는게 좋아) 보다는 부드러운 표현(~는 어떨까?) 사용하기 등	
차이 드러내기 (30분)	○ 동물 리더십 분석 - 동물 리더십 분석하기 - 같은 유형의 리더십끼리 모이기 - 유형별 사용 설명서 작성하고 발표하기	전지, 매직
실천 약속 정하기 (20분)	○ 공동체 실천 약속 정하기 - 서로를 배려하고 존중하는 공동체를 만들기 위해서 할 수 있는 일 아이디어 내기 - 아이디어들을 유목화하기 - 투표를 통해 2~3가지 정도 선정하기	전지, 매직, 투표용 스티커
성찰하기 (10분)	○ 실천 약속하기 - 나의 실천 다짐 쓰고 발표하기	접착 메모지, 매직

1. 모둠별 마음 열기

느낌 카드로 체크인하기

- 그로그 카드[8] 중에서 느낌 카드를 준비한다.
- 모둠 테이블 위에 느낌 카드를 펼쳐둔다.
- 각자 오늘 자신의 기분을 가장 잘 나타내는 느낌말을 찾아 2장 선택한다.
- 모두 선택했으면 돌아가면서 자신의 기분과 그 이유를 간단히 이야기한다.
- 이야기가 끝나면 들은 사람들은 공감의 표현을 해준다.

2. 그라운드 룰

그라운드 룰이란 야구에서 뜻밖의 사태를 고려해 만든 경기 규정, 혹은 정규 규격에 맞지 않는 야구장에 적합하도록 만든 특별한 규칙[9]을 뜻하는 말로, 토론이나 워크숍에서는 참여자들이 그 시간 동안에 지켜야할 태도나 마음가짐을 약속하는 것을 의미한다.

8) 한국 NVC센터에서 제작 · 판매하는 공감카드
9) 네이버 지식백과(https://terms.naver.com/entry.naver?docId=1203348&cid=40942&categoryId=31968)

그라운드 룰을 먼저 안내한 뒤에 시작하는 것은 사람들의 Mind Set을 준비시키는데 도움이 되고 서로에 대한 배려와 존중을 환기할 수 있도록 돕는다. 진행자가 사전에 공개적이고 명확하게 지켜야할 규칙을 안내함으로써 불미스러운 일들을 사전에 방지하고 모두가 같은 마음의 자세로 참가할 수 있게 해준다.

그라운드 룰은 최소한의 내용으로 3~5개 이내로 제시하는 것이 좋다. 시간이 충분하다면 구성원들이 직접 그라운드 룰을 만들어보는 것도 좋다.

3. 차이 드러내기

동물 리더십 분석

- 동물 리더십 분석[10)]을 실시한다.
  - 상황제시: 다음 중 가장 받기 싫은 택배 1위와 2위는?
  ① 고통, 스트레스 : 하기 싫은 일이 마구 생김
  ② 거절, 귀찮음 : 친한 사람들이 어렵고 귀찮은 부탁을 하지만 거절하지 못함
  ③ 비판, 조롱 : 사람들이 사사건건 나를 비판하고 내가 없을 때 나를 조롱함
  ④ 중요하지 않음, 의미없음 : 사람들이 나에게 중요한 일을 맡기지 않으며 존재감이 없어짐
- 1위는 현재 나의 지향과 우선 순위를 의미하며 스트레스 상황에서 나오는 나의 모습, 2위는 실제 나의 삶이며 일상적인 행동에서 나오는 모습을 의미한다.
- 각 상황별로 상징하는 동물과 리더십은 다음과 같다.
  ① 고통, 스트레스 : 거북이, 편안함 추구
  ② 거절, 귀찮음 : 카멜레온, 즐거움 추구
  ③ 비판, 조롱 : 독수리, 통제성 추구
  ④ 중요하지 않음, 의미 없음 : 사자, 우월성 추구
- 같은 유형의 동물끼리 새로 모둠을 만들고 앉는다.
- 같은 유형끼리 이야기 나누면서 자신들의 사용설명서를 작성한다. 사용설명서의 형식은 다음과 같다.
  제목: 우리는 OO하는 (동물이름)들! (우리는 게으른 천재 거북이들!)
  ① 우리가 좋아하는 것, 잘하는 것
  ② 우리가 싫어하는 것, 어려운 것
  ③ 우리에게는 이렇게 해주세요. 이런 게 필요해요.
- 모두 작성했다면 그룹별로 발표를 한다.
- 발표가 끝난 뒤 각 유형별 특징을 정리한 자료(부록1 참고)를 제공하여 확인하도록 한다. (미리 제공하여도 된다.)

10) 학급긍정훈육법(제인 넬슨, 2014)의 3장 참고

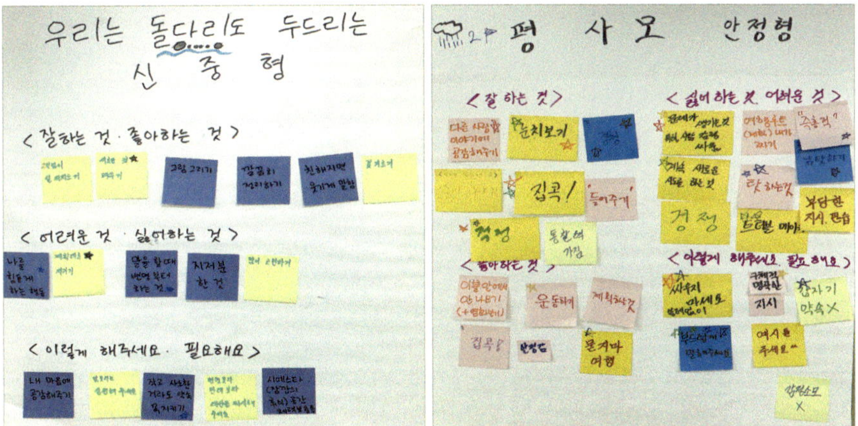

4. 실천 약속 정하기

공동체 실천 약속 정하기

- '서로 배려하고 존중하는 공동체를 만들기 위해서 할 수 있는 일은?'이라는 주제로 아이디어를 모은다.
- 1인당 2가지 이상 씩 접착 메모지에 위 질문에 해당하는 아이디어를 쓴다. 이때 1가지 아이디어는 한 장에 쓴다.
- 모둠별로 나온 아이디어를 전체 게시판에 붙이고 비슷하거나 같은 아이디어는 합친 뒤 유목화를 한다.
- 1인당 5표 씩 함께 해보고 싶은 아이디어에 1차로 투표한다.
- 1차에서 10개 정도의 아이디어를 선정하여 지금 당장 할 수 있는 것과 1개월 이상 준비해서 해야할 것으로 분류해본다.
- 1인당 3표를 주고 다시 한 번 투표한다.
- 투표 후 지금 당장 할 수 있는 것 2가지와 준비해서 해야할 것 1가지 정도를 선정하여 실천 약속을 확정한다.

5. 성찰하기

실천 약속하기

- 접착 메모지에 공동체를 위해서 내가 실천할 것을 구체적으로 쓴다.
- '열심히 하겠습니다'와 같이 막연하고 포괄적인 내용이 아니라 '먼저 인사하겠습니다', '협의회 5분 전에 와 있겠습니다' 등과 같이 구체적인 약속을 한 가지 쓰도록 안내한다.
- 마지막에 약속의 의미로 자신의 이름을 쓰고 서명한다.
- 모둠별로 돌아가며 이야기 나눈 뒤 전체로 모은다.

대체 활동

DISC 분석

- DISC란 주도형(Dominance), 사교형(Influence), 안전형(Steadiness), 신중형 (Conscientiousness)의 4가지 성향의 앞 글자를 딴 이름이다.
- DISC 분석을 위한 체크리스트는 인터넷에서 쉽게 찾을 수 있다.
- 구성원들은 체크리스트를 작성하여 4가지 성향 중에서 어느 것에 속하는지 확인한다.
- 우세 성향이 같은 사람들끼리 그룹을 만든다.
- 좋아하는 것, 싫어하는 것, 원하는 것을 이야기하면서 각 항목별로 내용을 작성한다.
- 유형별로 작성된 내용을 발표한다.
- 유형별 성향 분석 내용은 부록 2를 참고

생활을 공유하고 깊이 연결되기

활동 분류	내용	준비물
모둠별 마음열기 (20분)	○ 릴레이 초상화 그리기 - 모둠원의 초상화를 릴레이로 그리기 - 자신의 초상화를 받고 종이의 빈 공간에 오늘의 기분을 키워드로 쓰기 - 모둠에서 돌아가며 소개하기	A4, 매직
그라운드 룰 (5분)	○ 그라운드 룰 안내하기	
알아가기 (40분)	○ 6×6 질문 주사위	6×6 질문판, 주사위 2개
	○ 나는 누구?	Blob Tree[11] 활동지, 접착 메모지, 매직
성찰하기 (10분)	○ 멘티미터로 소감 나누기 - 멘티미터에 접속하여 각자 소감 남기기	

1. 모둠별 마음 열기

릴레이 초상화 그리기

- A4 용지와 매직을 각각 받는다.
- 각자 맨 위에 자신의 이름을 쓴다.
- 이름 쓴 종이를 오른쪽으로 한 칸씩 돌린다.
- 이름에 해당하는 사람의 초상화를 그려주는데, 진행자가 호명하는 부위만 그린다. 예를 들어 “얼굴 모양을 그리세요”라고 하면 모두 자신이 받은 종이의 주인 얼굴을 보고 얼굴형만 그린다.
- 얼굴형을 그렸으면 다시 오른쪽으로 한 칸 넘긴다.
- 진행자는 다음에 그릴 부위를 이야기한다.
  예) 얼굴형 → 눈과 눈썹 → 코 → 입술 → 귀 → 머리카락 → 몸통
- 각자 자신이 받은 종이의 주인 얼굴을 보며 진행자가 부른 얼굴 부위를 그린다.
- 다시 옆으로 넘기고 이를 반복한다.
- 마지막까지 그렸으면 주인에게 돌려준다.
- 각자 자신의 초상화 그림의 빈 공간에 말풍선을 그린다.
- 말풍선 안에 오늘의 기분이나 컨디션을 키워드로 적는다.
- 모둠에서 돌아가며 이야기를 나눈다.

11) 심리학자인 Pip Willson이 만든 도구로, 나무에 다양한 Blob(덩어리 형태의 사람들)들이 매달린 그림.

2. 알아가기

6×6 질문 주사위

- 6×6 질문판을 준비하고 모둠별로 1개씩 놓는다. 질문은 다양하게 구성할 수 있다.
  ※ 질문판의 예시는 부록3 참고
- 주사위도 2개를 배부한다. 이때 주사위는 서로 다른 색깔이나 크기의 주사위로 두면 더 편리하다. 혹은 한 개의 주사위를 두 번 던져도 좋다. 예를 들어 크기가 다른 주사위라면 작은 주사위는 가로, 큰 주사위는 세로의 숫자로 지정한다.
- 돌아가면서 한 번씩 주사위를 던지는데 나오는 좌표에 있는 질문에 대답한다. 가로 3, 세로 5라면 해당 위치에 있는 질문에 답을 하는 것이다.

나는 누구?

- Blob Tree 활동지에서 현재의 내 상황과 가장 비슷한 캐릭터를 찾아서 색칠한다.
- 접착 메모지 한 장에 말풍선을 그려서 캐릭터 옆에 붙인 다음 그 캐릭터가 무슨 말을 하고 있을지 쓴다.
- 모둠에서 돌아가며 캐릭터를 선택한 이유와 말풍선 속 말을 쓴 이유를 간단히 설명한다.
- 활동지를 오른쪽으로 한 칸 넘긴다.
- 넘겨받은 활동지 아래에 새 접착 메모지를 한 장 붙이고 그 캐릭터에게 응원의 말을 쓴다.
- 다시 한 칸 옆으로 보내고 위 과정을 반복한다.
- 자신의 활동지를 받으면 모둠원들의 응원의 말을 읽을 수 있다.

3. 성찰하기

멘티미터로 소감 나누기

- 진행자는 미리 멘티미터 프로그램을 사용하여 입력 시트를 만든다. '오늘 활동 어떠셨나요? 어떤 감정을 느끼셨나요?'라고 질문을 입력하고 응답을 기록할 양식을 지정한다.
- 큐알 코드를 발행해 ppt에 삽입해 둔다.
- 소감나누기를 진행할 때 큐알 코드를 통해 입력창으로 들어가도록 안내한다.
- 멘티미터 응답 화면을 띄워두면 실시간으로 응답이 업데이트 되는 것을 볼 수 있다.
- 진행자가 응답을 보고 의미있거나 궁금한 내용이 있으면 그 내용을 쓴 사람에게 발표할 수 있도록 한다.

학년 말 만남, 응원과 격려

생활을 공유하고 깊이 연결되기

학기 말 또는 학년 말에는 서로에 대한 응원과 격려가 가득한 만남이 필요하다. 힘들고 어려웠던 과정을 위로하고, 뿌듯하고 보람있었던 순간들을 나누며 새로운 힘을 받아가는 것이다. 이 때의 워크숍은 사람들의 보드랍고 여린 면을 가장 많이 볼 수 있기도 하다. 우리는 누구나 위로와 칭찬을 받고 싶어 한다. 한 학기 혹은 1년 동안 굳세게 버텨왔던 마음을 이 자리에 부려놓고 속 시원히 하지 못했던 자신의 이야기를 하기도 하고, 바쁘다는 이유로 돌아보지 못한 동료들의 등을 두드려주기도 하면서 서로에 대한 연대감을 가질 수 있다.

그러므로 각자의 이야기를 솔직하게 하고 응원받고 지지받을 수 있도록 디자인하는 것이 좋다. 종종 학년 말 평가회 때 마무리 활동으로 칭찬과 응원하기를 하다 보면, 너무나 상투적인 말일 수도 있는 동료의 한마디에도 눈물을 왈칵 쏟는 사람들을 보게 된다. 우리 모두 얼마나 괜찮은 척하며 살아왔는지, 얼마나 위로가 필요했는지 생각하게 되는 것이다. 뻔한 위로조차 눈물이 날 만큼.

응원과 격려로 서로 연결되기

활동 분류	내용	준비물
모둠별 마음열기 (10분)	◦ 의성어, 의태어로 자기 표현하기 - 요즘 나를 가장 잘 표현하는 의성어나 의태어를 사용하여 돌아가며 이야기하기	
한해 돌아보기 (30분)	◦ 나의 희노애락 - 각자 자신의 희노애락에 대한 키워드를 접착 메모지에 쓰고 돌아가며 이야기하기	전지, 접착 메모지, 매직
응원하기 (30분)	◦ 듣고 싶은 말 응원하기 - 큰 접착 메모지에 자신이 듣고 싶은 말을 쓰기 - 자신이 쓴 말과 이유를 돌아가면서 말하고 모둠원이 말해주기	큰사이즈 접착 메모지, 매직
성찰하기 (10분)	◦ 3 facts - 느낌(feeling), 발견(find), 실천 및 적용(future action)	접착 메모지, 매직

1. 모둠별 마음열기

의성어, 의태어로 자기 표현하기

- 요즘의 나를 가장 잘 표현하는 의성어나 의태어를 1가지 선택한다.
- 돌아가면서 그것을 말하고 선택한 이유를 간단히 설명한다.
  예) 저는 요즘 '부글부글'입니다. 위염 때문에 속도 부글부글하는데, 업무 처리가 자꾸 지체되는 바람에 마음도 부글부글해요.

2. 한 해 돌아보기

나의 희노애락

- 모둠별로 전지에 4개의 칸을 그린다.
- 각 칸에 각각 '희/노/애/락'이라고 제목을 붙인다.
- 자신의 1년 간을 돌아보며 대표적인 희/노/애/락의 사건들을 키워드로 접착 메모지에 적고 칸에 붙인다.
- 돌아가면서 이야기를 나누고 듣는 사람들은 적극적으로 리액션을 해준다.
- 이야기를 들으면서 공감이 가거나 응원하고 싶은 곳에 매직으로 이모티콘이나 글을 써넣는다.
- 모둠별로 1명 정도 씩 전체 발표를 한다.
- 큰 박수로 마무리한다.

3. 응원하기

듣고 싶은 말 응원하기

- 자신이 지금 현재 듣고 싶은 말을 큰 접착 메모지(A4 반 장 사이즈)에 대화체로 적는다.
- 모둠원이 모두 일어나서 둥글게 선다.
- 각자 자신이 적은 접착 메모지를 가슴에 붙인다.
- 한 명이 짧게 그 말을 듣고 싶은 이유를 이야기한다.
- 나머지 모둠원들이 차례대로 진심을 다해 그 사람에게 그 말을 들려준다. 그 사람 가까이 가서 손을 잡아도 좋고 안아주어도 좋다. 한 명씩 눈을 바라보며 진지하게 말해주는 것이 포인트!
- 모둠원이 총 4명이라면 발표하는 한 사람에게 3명이 차례대로 한 번 씩 3번 들려주는 것이다.
- 돌아가며 진행한다.
- 이때 적절한 음악을 틀어주면 더 감동적인 순간이 될 수 있다.

4. 성찰하기

3 facts

- 3 facts는 느낌(feeling), 발견(find), 실천 및 적용(future action) 또는 피드백(feedback)을 의미한다.
- 각자 접착 메모지에 오늘 활동과 관련한 느낌, 발견, 실천에 관한 내용을 쓰고 돌아가면서 이야기한다.
- 3가지를 꼭 모두 이야기해야 하는 것은 아니므로 선택할 수 있도록 한다.

마지막 성찰하기 활동은 접착 메모지를 쓰지 않고 하는 말하기로 진행하는 것도 좋다. 남기면 의미있는 기록이 되기는 하지만 본 활동에서 접착 메모지를 계속 사용하다 보면 피로감이 크게 느껴지기 때문이다. 또한 본 활동에서 사람들의 마음이 충분히 고무되었다고 판단이 되면 성찰하기는 과감히 생략할 수 있다.

대체 활동

아리랑 곡선

- 아래 그림과 같이 A4 용지에 수직선을 그린다.

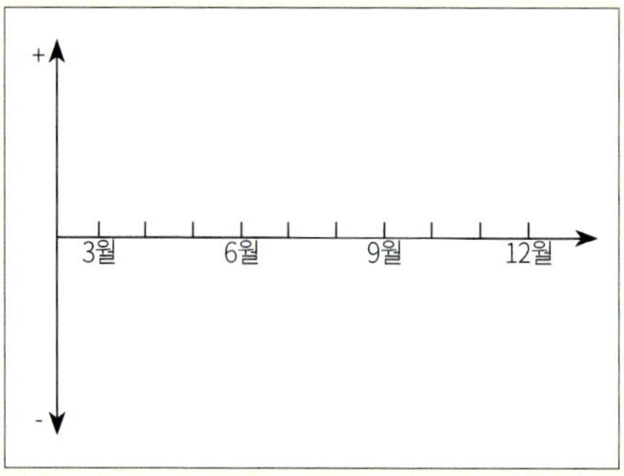

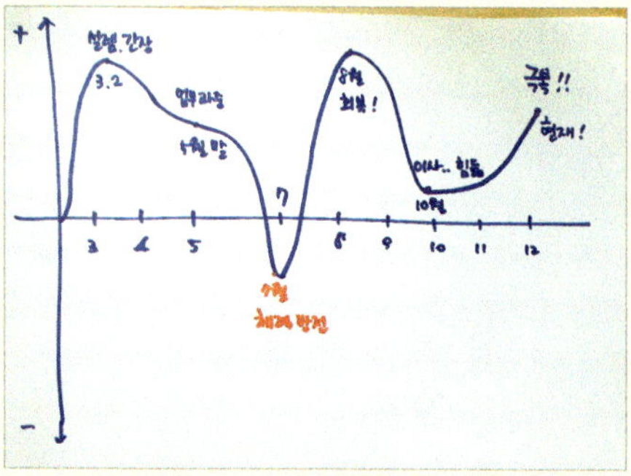

- 맨 위에 자신의 이름을 적고 3월부터 1년 간 있었던 중요한 일들을 긍정과 부정으로 좌표를 찍고 곡선으로 연결한다.
- 중요한 사건에 해당하는 점 위에 키워드를 쓴다.
- 돌아가며 이야기 나눈다.

가치단어 선물하기

- 가치 낱말이 써 있는 카드를 모둠별로 준비한다.
- 바닥에 펼쳐놓고 자신이 중요하게 생각하는 가치 또는 자신이 추구하는 가치에 해당하는 카드를 2장 정도 고른다.
- 돌아가며 선택한 이유를 설명하는데, 한 명의 설명이 끝나면 나머지 사람들은 그 사람에게 어울리는 카드를 1장 씩 추가로 선택하여 선물하고 이유를 이야기한다.
- 돌아가며 위 과정을 반복한다.

칭찬 릴레이

- A4용지 2~3장과 집게를 준비한다.
- 옆 사람과 서로 등에 A4용지를 겹친 뒤 집게로 집어서 매달아 준다.
- 모두 펜을 들고 일어나서 돌아다니면서 칭찬과 응원의 말을 써 주고 싶은 사람의 등 뒤로 간다.
- 펜으로 그 사람의 등에 붙은 종이에 멘트를 쓴다.
- 여러 사람들을 찾아 다니며 반복한다.
- 일정 시간이 지난 뒤 자신에게 붙은 종이를 떼어서 확인한다.

100만 원 선물 주기

- 모둠원에게 각각 100만 원 한도의 선물을 준다면 어떤 것이 좋을지 생각한다.
- 1인당 100만 원을 의미한다. 즉, 모둠원이 총 4명이라면 자신을 제외한 3명에게 한 명당 100만 원 어치의 선물을 한다고 가정하는 것이다.
- 그 사람에게 필요하거나 어울리는 선물을 상상하고 접착 메모지에 그림으로 그린다. 그림으로 그린 것을 선물할 것이므로, 각각 다른 종이에 그리도록 한다.
- 돌아가며 한 사람씩 선물을 받는다. 모둠원은 선물을 선택한 이유를 이야기하면서 손에서 손으로 선물 그림을 전달한다.

마치며

관계 형성 활동은 어렵다. 우리는 선생님들이 활짝 웃으며 즐거운 분위기로 끝나기를 기대한다. 물론 환대와 존중의 마음을 담아 준비한다면 그 마음이 반드시 전달될 것이라고 믿는다. 하지만 그렇지 않더라도 실망하지 않기를 바란다. 앞서 언급했듯 관계는 천천히 쌓이는 것이고 천천히 쌓이는 것이 관계의 본질이다. 함께한 시간의 누적만큼 켜켜이 지층이 쌓이고 그 공동체만의 무늬가 생기는 것이다. 때로는 열심히 준비했지만 심드렁한 반응으로 일관하는 사람도 만나게 될 것이다. 역시 상처받지 않길 바란다. 그는 관계에서 상처받은 경험이 있기 때문일 것이다. 중요한 것은 스스로 마음을 열고 참여할 수 있도록 조금 더 단단한 사람이 계속 두드리고 기다려주는 것이다. 기다림은 관계 형성에서 중요한 재료다. 메리 올리버의 『휘파람 부는 사람』이라는 책에는 이런 구절이 있다고 한다.

"우주가 우리에게 준 두 가지 선물, 사랑하는 힘과 질문하는 능력"

나는 이 말을 참 따뜻하다고 생각했다. 누구에게나 존재를 사랑하는 힘이 있다. 동시에 그 말은 저절로 그렇게 되는 것이 아니라 존재를 사랑하려는 노력이 필요하다는 의미로도 들린다. 그리고 사랑의 힘은 어쩌면 존재에 대해 호기심을 가지고 묻고, 알고, 이해하는 것으로부터 출발하는 것인지도 모른다. 우리가 가진 우주의 선물을 나와 같은 시간과 공간을 살아가는 사람들과 함께 누릴 수 있길 바란다.

참고문헌

고병헌(2020). 존재가 존재에 이르는 길, 교육. 이다.

김진경 외(2014). 유령에게 말 걸기. 문학동네.

김현경(2015). 사람, 장소, 환대. 문학과 지성사.

진보교육연구소 비고츠키 교육학 실천연구모임(2015). 관계의 교육학, 비고츠키. 살림터.

최인철 외(2021). Hate: 왜 혐오의 역사는 반복될까. 마로니에북스.

최재천(2011). 호모 심비우스. 이음.

Camus, A.(1942). Le mythe de sisyphe. 김화영 역(2013), 시지프 신화 -부조리에 관한 시론. 책세상.

Edmondson, A. C.(2019). The fearless organization. 최윤영 역(2019). 두려움 없는 조직. 다산 북스.

Papasan, J. & Keller, G.(2013). The one thing. 구세희 역(2013). 원씽. 비즈니스북스.

Nelsen, J., Lott, L. & Glenn, J. A.(2013). Positive Discipline in the Classroom. 김성환 외 역(2014). 학급긍정훈육법. 에듀니티.

2부

함께 만들어가는 교육과정

고흥섭 (초등 교육전문직)

학교에서 회의 문화를 만든다는 것은 단순한 회의 진행 방법의 변화가 아니라 어떤 철학을 공유하고 어떻게 참여하느냐의 문제입니다. 이렇게 공동체의 중요한 결정을 한 두사람이 좌지우지하지 않고 모든 구성원의 참여로 결정해가는 과정을 구조화하고 돕는 일이 퍼실리테이션입니다. 그것을 연구하고 실천하는 과정에서 소통과 협력으로 사회적 기여를 실천하는 민주적 학교문화 연구팀은 내 모든 교육적 판단의 모태가 되고 있습니다.

<주요경력>

· 교사 자발적 모임 '민주적 학교문화 연구팀' 소속
· 학교 회의 디자인 기초·심화·전문가 과정 수료(충청북도단재교육연수원)
· 학교 회의 디자인 기초과정 주 강사 및 심화과정 보조강사
· 단위학교, 도교육청·직속기관·교육지원청 등 기관 대상 워크숍 100회 이상

함께여야 의미있는 공동체

14를 둘로 나누면 10:4

올해로 교직경력 27년차, 교육전문직 5년을 제외하면 22년, 그 중 열 네 번의 교육과정 업무를 담당했다. 어쩌면 참 편협한 경험이다. 그 편협한 경험, 14년 간의 학교교육과정을 담당했던 경험은 또 둘로 나뉜다.

10년과 4년.

10년! 이 기간 교육과정 담당자로서의 나는 교장선생님의 학교경영 철학을 구현해내는 전문가(?)였다. 교장선생님의 의지를 실현하기 위한 설문 문항을 만들고, 학생·교사·학부모에게 전달된다. 그렇게 진행된 차기 학년도 교육과정 수립 설문 결과는, 의도한 대로 교장선생님의 철학을 실현하기에 부족함이 없다. 다시, 그것을 며칠 정도 혼자 고민하고, 잠을 좀 설치면 학교교육과정 운영 계획의 초안이 만들어진다. 그렇게 며칠간의 고민으로 나온 흠잡을 데 없는 학교교육과정 운영 계획은 관리자의 동의를 받은 후 일사천리로 퍼지기 시작한다. 학년교육과정으로, 교과별 교육과정으로, 학급교육과정으로……. 정말 완벽한 계획이다, 문서로는. 한 번 완성되면 다시는 되돌리기 어려운 교육과정 문서가 만들어진 것이다.

4년! 이 기간의 나는 모든 면에서 처음을 경험하는 풋내기였다. 교육공동체가 함께하는 교육과정 평가회를 여러차례 거치며 올해의 교육과정을 돌아본다. 그곳에서는 혼자는 상상할 수 없는 이야기가 봇물처럼 쏟아지고, 보완해야할 문제에 대해서는 함께 대안을 고민한다. 이후 핵심가치와 비전을 세우고, 학교특색교육과 학년 및 학급, 교과 단위의 중점주제가 만들어진다. 그렇게 만들어진 계획 초안은 2월 새학년 준비기간을 거치며 교육과정 운영 방향이 더해지고, 3월 관계 집중의 달을 거쳐 학생 개인별 진단 내용이 반영되면 기본틀이 만들어지는 것이다. 하지만, 여기가 끝이 아니다. 학기 중 교육공동체의 의견과 학교의 특성이 반영되어 계속 변화해 간다. 마치 유기체의 성장처럼 교육과정도 학년말까지 조금씩 살이 붙어 비로소 완성된다. 이 모든 과정에는 교육공동체가 함께 한다.

혼자하는 것과 함께하는 것의 차이

위 두 가지 상황은 얼핏 같은 듯 다르다. 혼자 만들 때는 나를 제외한 모두가 무관심했고, 함께 만들 때는 적극적인 참여가 있었다. 바꾸어 말하면, 학교교육과정을 만든다는 것은 같지만, 혼자에서 비롯된 무관심과 모두에서 비롯된 참여가 차이점이다.

10년여의 교육과정 담당자 경험이 붙여준 교육과정 전문가라는 환상은 새로운 것을 받아들이는 것에 걸림돌이 되었다. '함께'라는 가치는 동의하지만 모두가 참여하는 회의는 낯설어서 타인의 의견을 존중하지 못했고, 함께하기 때문에 더딘 속도는 나의 조바심을 자극했다.

학교에는 다양한 구성원이 있고, 구성원들은 서로 영향을 주고받고 살아가기 때문에 학교의 문화는 누구 한 사람만 리더십을 발휘한다고 해서 발전할 수 없다. 학교비전 실현을 궁극적인 학교의 발전이라고 한다면, 합의와 실천의 과정에 모든 구성원이 참여하고, 서로를 포용하는 자세는 함께여야 의미가 더해지는 학교공동체의 기본 전제가 될 것이다.

학교 구성원의 역할 이해 및 공유

활동 분류	내용	준비물
마음열기 (10분)	○ 워크숍 주제 알아보기	
자기 역할 돌아보기 (35분)	○ 각자의 역할 돌아보기 - 올 한 해 좋았던 점 - 올 한 해 어려웠거나 고민되는 점 - 모둠별 공유하기	전지, 접착 메모지, 매직
다른 모둠 이해하기 (10분)	○ 다른 모둠 이해하기 - 다른 모둠을 돌면서 칭찬할 점, 고마운 점을 써서 전지에 붙이기 - 다른 모둠의 어려움이나 고민되는 점에 공감하며 도와줄 수 있는 부분을 접착 메모지에 적어 붙이기	접착 메모지, 매직
마무리하기(10분)	○ 다섯글자 말하기	접착 메모지, 매직

1. 마음열기

워크숍 주제 알아보기

〈진행방법〉

① 워크숍 주제를 직관적으로 알아볼 수 있는 글귀(동영상, 사진) 제시
② 각자의 역할이 학교 안에 미치는 영향에 대해 이야기하기

2. 자기 역할 돌아보기

각자의 역할 돌아보기

〈진행방법〉

① 전지를 반으로 나누어 '좋았던점'과 '어려움/고민되는점'으로 제목 적기
② 올 한 해 좋았던 점과 어려웠거나 고민되는 점을 접착 메모지에 적기
③ 돌아가며 전지에 붙이고 이야기 나누기

3. 다른 모둠 이해하기

다른 모둠 이해하기

〈진행방법〉

① 다른 모둠을 돌면서 칭찬할 점과 고마운 점을 써서 전지에 붙이기
② 어려움이나 고민되는 점에 공감하며 내가 도와줄 수 있는 부분을 접착 메모지에 써서 붙이기

《TIP!!》 다른 모둠에 접착 메모지를 붙일 때, 많이 붙거나 적게 붙는 경우가 있음. 진행자는 접착 메모지가 적은 것은 칭찬할 거리가 적어서가 아니라 서로 잘 알지 못하기 때문임을 강조하며 서로에 대한 관심을 유도하는 말로 마무리.

4. 마무리하기

다섯글자 말하기

〈진행방법〉

① 모둠별로 나의 역할을 접착 메모지에 써보기
② 모둠 안에서 이야기 나누기
③ 모둠 안에서 1~2명을 뽑아 전체 공유하기

함께하는 첫걸음, 학교비전 세우기

비전이란?

함께하는 공동체는 서로에 대한 인정과 존중, 상호 협력적인 관계를 가진다. 구성원들은 공동체가 추구하는 가치를 공유해야 한다.

"중요한 결정을 하거나 어려움에 부딪혔을 때, 결정의 기준이 되는 것"

- 어느 초등학교 선생님의 비전이란? -

2021년 한 초등학교의 비전세우기 워크숍을 진행하던 중 비전이란 무엇인가하는 질문에 대한 어느 선생님의 답변이다. 처음 들었을 때는 투박한 표현이라고 생각했지만 몇 번을 곱씹고는 이보다 더 명확한 답변이 있을까 싶었다. 1년을 지내며 결정의 순간은 몇 번이나 될까? 정확히 가늠하기는 어렵지만 아마도 매 순간순간마다 결정을 하고 있을 것이다. 수업을 시작하고 나서야 교실에 들어서는 학생을 혼낼 것인지 모른척 넘어갈 것인지, 수업 시간 중 개인활동과 모둠활동 중 어느 것이 더 효과적일지, 동료교사와의 교육활동 방법에 대한 이견을 어떤 방법으로 풀어나가야 할지와 같이 수많은 결정을 내리고 있다. 하지만, 어떤 결정을 내리느냐는 각자의 가치관과 이념에 따라 달라진다. 학교가 추구하는 가치와 구성원 개개인이 추구하는 가치가 다를 때 일관성 있는 교육은 불가능하며, 일관성의 결여는 자발성과 공동체성을 위축시킨다. 바꾸어 말하면, 공동체와 개인이 추구하는 가치가 일치할 때 자발성에서 비롯된 공동체가 만들어진다고 하겠다.

비전은 조직이 장기적으로 지향하려고 하는 가치관이나 이념이다. 그런 맥락에서 비전은 교육공동체가 함께 노력해야 할 방향을 제시한다. 교육활동에 의미를 부여함은

물론이고 교육 평가 준거로서의 역할을 한다.

서로 다른 가치관과 교육관을 가지고 있는 구성원들이 비전을 만드는 과정은 합의를 해야 가능하기에 매우 어렵다. 하지만, 그 과정에 함께 참여해야 비전의 의미를 이해할 수 있고, 교육활동과 비전을 연결시키려는 노력으로 이어진다. 따라서 학교에서는 매년 비전 및 교육목표를 세우거나 기존에 만들어진 비전이 구성원의 교육관과 지금 가르치는 아이들에 비추어 적합한지를 살펴보는 자리를 마련한다. 모든 구성원이 만족할 수는 없겠지만 보다 많은 구성원이 공감하는 가치가 무엇인지를 살펴보기 위한 학교비전 세우기 활동은 매우 중요하다.

학교 비전 세우기 워크숍 디자인

활동 순서	활동 내용	준비물	활동 TIP
마음 열기 (10분)	○ 종이 비행기 만들기	A4 용지	
비전 개념 이해하기 (10분)	○ 비전의 의미 살펴보기 - 사전적 의미 / 학교 비전 예시 - 어느 초등 선생님의 비전 ○ 비전과 교육과정의 관계성 알기 - 교육활동이 학년 목표와 비전의 방향성과 일치하는지 점검 필요 - 비전은 많을수록 좋다?		
핵심 가치 단어 찾기 (50분)	○ 학생성장 목표 설정하기 - 개인별 가치단어 1~2개 선정 - 모둠별 1개의 가치단어 선정 ○ 가치단어 유목화하기 ○ 선정된 가치단어 정리하기 예) 자기주도(주체성, 호기심...), 어울림(함께, 존중, 책임...)	가치단어 카드 또는 유인물	*소규모학교의 경우 모둠별 가치단어 수를 늘려도 됨
학교 비전 세우기 (30분)	○ 선정된 가치단어 문장으로 만들기 - 개인별 가치단어로 문장 만들기 - 모둠별 비전 후보 한 가지 선정 ○ 우리 학교 비전 선정하기 - 모둠별 비전 후보 발표하기 - 월드카페 또는 투표하기	매직, 접착 메모지 등	*경우에 따라 비전 문장은 전체가 합의하여 선정할 수 있음
성찰하기 (10분)	○ 실천 다짐하기 - 학교 비전 실현을 위해 내가 할 수 있는 일 적고 서명하기		

1. 마음열기

종이비행기 만들기

〈진행방법〉

① 2인 1조로 조편성하고, 각자 A4 용지를 한 장씩 준비하기
② 서로의 A4 용지가 보이지 않게 등을 맞대고 앉기
③ 역할 정하기: 설명하며 접는 사람과 상대방이 설명한 대로 접는 사람
④ 종이비행기 접기: 한 사람이 접으면서 설명하면 다른 사람은 설명한대로 접기
⑤ 정해진 시간이 지나면 멈추고 서로의 비행기를 비교하기
⑥ 진행자 질문 1: 어느 팀이 가장 잘 접었나요?
⑦ 진행자 질문 2: 비행기를 접으면서 어떤 점이 가장 어려웠나요?
⑧ 비전과 연결하여 같은 설명에도 서로 다르게 이해하게 되는 것을 인식하기

《TIP!!》 혼자 결정하기 보다는 구성원 모두가 함께 합의할 때 의미 전달이 명확해지고 공동체 활동의 기준으로서의 역할이 된다는 것을 인식하도록 안내해야 함.

2. 비전 개념 이해하기

활동내용	프레젠테이션(예시)
① 비전이란? - 사전적 의미 - 비전 예시	**2. 비전이란?** • **사전적 의미** : 조직이 장기적으로 지향하는 목표, 가치관, 이념 등을 통칭하는 개념 • **일반적인 학교의 비전은?** 꿈과 끼를 키우는 따뜻한 어린이 존중 받는 사람, 당당한 사람, 행복한 사람이 되자
② 비전이란? - 어느 초등 선생님의 비전	**2. 비전이란?** **"중요한 결정을 하거나 어려움에 부딪혔을 때 결정의 기준이 되는 것"**

<table>
<tr><th>활동내용</th><th>프레젠테이션(예시)</th></tr>
<tr><td>③ 비전이란?
- 비전과 교육과정의 관계</td><td>2. 비전이란? ❖ 비전과 교육과정

• 교육활동이 학년 목표와 비전의 방향성과 일치하는지 점검

• 혼자 계획하고 업무 분장하면 그것은 행정이고 비전을 반영하여 모두 의논해서 결정하면 교육과정이다.</td></tr>
<tr><td>④ 비전이란?
- 비전, 많을수록 좋다?</td><td>2. 비전이란? ❖ 비전, 많으면 좋다?

김수한무
바둑이와 두루미
삼천갑자 동방삭......</td></tr>
</table>

3. 핵심 가치단어 찾기

<table>
<tr><th>활동내용</th><th>프레젠테이션(예시)</th></tr>
<tr><td>① 질문: 우리 아이들이 어떤 아이들로 성장하길 원하십니까?
- 예시 단어카드를 보고
- 적합한 가치단어를 선택
- 접착 메모지에 기록
- 모둠별 1개 가치단어 뽑기</td><td>3. 가치단어 찾기

❖ 우리 아이들이 어떤 아이들로 성장하길 원하시나요?

• 단어카드를 보시고,
• 적절한 가치단어를 1~2개 선택하신 후
• 접작 메모지에 기록해 주세요.
• 모둠별 1개의 가치를 뽑아주세요.</td></tr>
<tr><td>② 가치단어 예시 자료 제시</td><td>
<table>
<tr><td>격려</td><td>공감</td><td>기여</td><td>관계</td><td>배려</td><td>헌신</td><td>사랑</td><td>수용</td></tr>
<tr><td>예의</td><td>협력</td><td>정의</td><td>존중</td><td>책임</td><td>친절</td><td>탁월함</td><td>배움</td></tr>
<tr><td>지혜</td><td>창의성</td><td>통찰</td><td>공동체성</td><td>열정</td><td>겸손</td><td>긍정</td><td>끈기</td></tr>
<tr><td>성실</td><td>성찰</td><td>공존</td><td>열정</td><td>자존감</td><td>정직</td><td>사회적 기여</td><td>깨달음</td></tr>
<tr><td>꿈</td><td>몰입</td><td>보람</td><td>희망</td><td>소통</td><td>긍정적 자아</td><td>자기 이해</td><td>신뢰</td></tr>
<tr><td>존중</td><td>상상력</td><td>책임</td><td>평등</td><td>용기</td><td>자유</td><td>즐거움</td><td>평화</td></tr>
<tr><td>성장</td><td>나눔</td><td>배려</td><td>주체성</td><td>자율</td><td>자아존중감</td><td>인권감수성</td><td>도전</td></tr>
<tr><td>자기주도</td><td>민주시민성</td><td>관계맺기</td><td>발견</td><td>타인 이해</td><td>창의성</td><td>생태감수성</td><td>지적 호기심</td></tr>
<tr><td>비판적 사고</td><td>의사소통</td><td>문화 향유</td><td>갈등 조절</td><td>공존</td><td>호기심</td><td>나눔</td><td>공공성</td></tr>
<tr><td>회복탄력성</td><td>공평</td><td>공정</td><td>대인관계</td><td>자기통제력(자기관리)</td><td>문제해결능력</td><td>정의</td><td></td></tr>
</table>
</td></tr>
</table>

활동내용	프레젠테이션(예시)
③ 가치단어 유목화하기	
④ 선정된 가치단어 정리하기	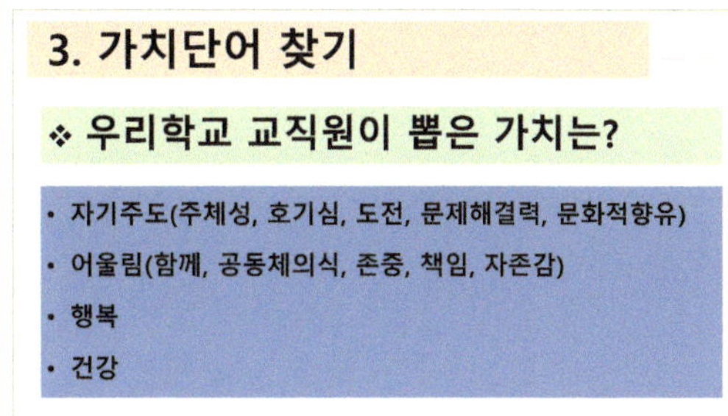

4. 학교 비전 세우기

활동내용	프레젠테이션(예시)
① 선정된 가치단어 문장으로 만들기 - 개인별로 문장만들기	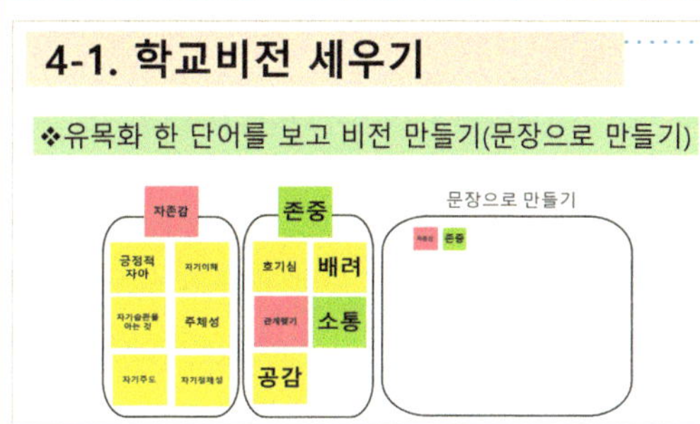
② 모둠별 비전 후보 1개 선정하기 《TIP!!》 소규모 학교의 경우 모둠별 비전 후보 수를 늘려도 됨.	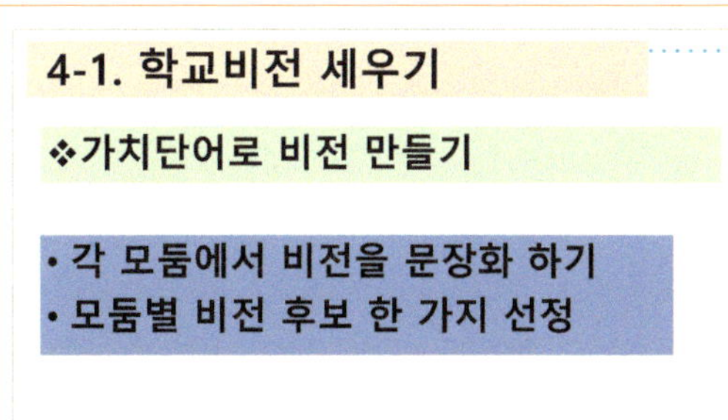

활동내용	프레젠테이션(예시)
③ 모둠별 비전 후보 정리하기 《TIP!!》 경우에 따라 비전 문장은 모두의 합의로 결정할 수 있음.	**4-1. 학교비전 세우기- 비전 후보** 1. 삶을 주도하고 함께 성장하는 건강하고 행복한 어울림 2. 배움을 주도하고 어울려 성장하는 건강하고 행복한 교육공동체 삶을 주도하고 어울려 성장하는 건강하고 행복한 우리(10) 3. 삶을 주도하고 함께 성장하는 건강하고 행복한 우리
④ 학교비전 정하기	**4-1. 학교비전 세우기- 정하기** 배움을 주도하고 어울려 성장하는 건강하고 행복한 우리

5. 성찰하기

활동내용	프레젠테이션(예시)
① 개인별로 비전 실현을 위해 실천할 것을 접착 메모지에 써보기	**5. 성찰하기** 우리학교의 비전을 실현하기 위해 내가 실천할 수 있는 일은? 각자 실천할 수 있는 것을 적고 서명하기
② 나오며 - 박노해 시 <굽이 돌아가는 길> 제시 《TIP!!》 오랜 시간이 필요한 일이므로 여럿이 함께가는 것이 의미 있음을 설명함.	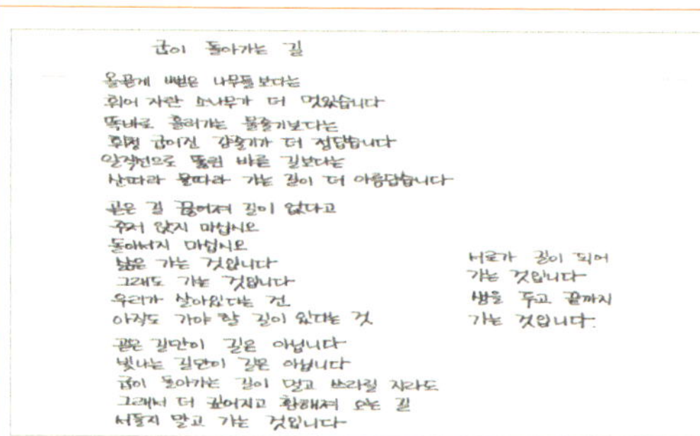 굽이 돌아가는 길 올곧게 뻗은 나무들보다는 휘어 자란 소나무가 더 멋있습니다 똑바로 흘러가는 물줄기보다는 휘청 굽이친 강줄기가 더 정답습니다 일직선으로 뚫린 바른 길보다는 산따라 물따라 가는 길이 더 아름답습니다 곧은 길 끊어져 길이 없다고 주저 앉지 마십시오 돌아서지 마십시오 삶은 가는 것입니다 그래도 가는 것입니다 우리가 살아있다는 건 아직도 가야 할 길이 있다는 것 곧은 길만이 길은 아닙니다 빛나는 길만이 길은 아닙니다 굽이 돌아가는 길이 멀고 쓰라릴지라도 그래서 더 깊어지고 환해져 오는 길 서둘지 말고 가는 것입니다 서로가 길이 되어 가는 것입니다 생을 두고 끝까지 가는 것입니다

학교 비전 공유하기 워크숍 디자인

비전은 장기적인 관점에서 수립하기 때문에 매년 바꾸는 것은 바람직하지 않다. 다만, 구성원의 변화가 크거나 많은 구성원이 변화의 필요성을 요구하는 경우, 기존에 만들어진 비전이 자신들의 교육관과 학생의 실태에 비추어 적합한지를 살펴보는 활동으로 구성한다.

활동 순서	활동 내용	준비물	활동 TIP
마음 열기(10분)	○ 종이 비행기 만들기	A4 용지	
비전 개념 이해하기 (10분)	○ 비전의 의미 살펴보기 - 사전적 의미 / 학교 비전 예시 - 어느 초등 선생님의 비전 ○ 비전과 교육과정의 관계성 알기 - 교육활동이 학년 목표와 비전의 방향성과 일치하는지 점검 필요 - 비전은 많을수록 좋다?		
핵심 가치 단어 공유하기 (50분)	○ 핵심가치에 대한 생각 나누기 - 내가 생각하는 핵심가치의 의미는? ○ 핵심가치의 의미 공유하기 - 모둠별 핵심가치 의미 발표하기	가치단어 카드 또는 유인물	*핵심가치를 공유하거나 가치 단어를 교체할 수 있음.
성찰하기(10분)	○ 실천 다짐하기 - 학교 비전 실현을 위해 내가 할 수 있는 일 적고 서명하기	매직, 접착 메모지 등	

1. 마음열기

종이비행기 만들기

〈진행방법〉

① 2인 1조로 조편성하고, 각자 A4 용지를 한 장씩 준비하기
② 서로의 A4 용지가 보이지 않게 등을 맞대고 앉기
③ 역할 정하기: 설명하며 접는 사람과 상대방이 설명한 대로 접는 사람
④ 종이비행기 접기: 한 사람이 접으면서 설명하면 다른 사람은 설명한대로 접기
⑤ 정해진 시간이 지나면 멈추고 서로의 비행기를 비교하기
⑥ 진행자 질문 1: 어느 팀이 가장 잘 접었나요?
⑦ 진행자 질문 2: 비행기를 접으면서 어떤 점이 가장 어려웠나요?
⑧ 비전과 연결하여 같은 설명에도 서로 다르게 이해하게 되는 것을 인식하기

《TIP!!》 혼자 결정하기 보다는 구성원 모두가 함께 합의할 때 의미 전달이 명확해지고 공동체 활동의 기준으로서의 역할이 된다는 것을 인식하도록 안내해야 함.

2. 비전 개념 이해하기

활동내용	프레젠테이션(예시)
① 비전이란? - 사전적 의미 - 비전 예시	**2. 비전이란?** • **사전적 의미** : 조직이 장기적으로 지향하는 목표, 가치관, 이념 등을 통칭하는 개념 • **일반적인 학교의 비전은?** 꿈과 끼를 키우는 따뜻한 어린이 존중 받는 사람, 당당한 사람, 행복한 사람이 되자
② 비전이란? - 어느 초등 선생님의 비전	**2. 비전이란?** "중요한 결정을 하거나 어려움에 부딪혔을 때 결정의 기준이 되는 것"
③ 비전이란? - 비전과 교육과정의 관계	**2. 비전이란?** ❖ 비전과 교육과정 • 교육활동이 학년 목표와 비전의 방향성과 일치하는지 점검 • 혼자 계획하고 업무 분장하면 그것은 행정이고 비전을 반영하여 모두 의논해서 결정하면 교육과정이다.
④ 비전이란? - 비전, 많을수록 좋다?	**2. 비전이란?** ❖ 비전, 많으면 좋다? 김수한무 바둑이와 두루미 삼천갑자 동방삭......

3. 핵심 가치단어 찾기

활동내용	프레젠테이션(예시)
① 핵심가치에 대한 생각 나누기 - 제시된 핵심가치를 어떤 의미로 생각하는지 이야기하기 - 모둠별로 핵심가치의 의미를 정리하여 발표하기	**3. 가치단어 의미 나누기** ❖ 자기주도, 어울림, 행복, 건강 ❖ 위 핵심가치는 어떤 의미인지 나누기 • 우리학교 핵심가치 확인하기 • 각자 핵심가치는 어떤 의미로 해석되는지 정리하기 • 돌아가미 이야기 나누기 • 모둠장은 이야기 내용을 정리하여 발표하기

4. 성찰하기

활동내용	프레젠테이션(예시)
① 개인별로 비전 실현을 위해 실천할 것을 접착 메모지에 써보기	**4. 성찰하기** 우리학교의 비전을 실현하기 위해 내가 실천할 수 있는 일은? 각자 실천할 수 있는 것을 적고 서명하기
② 나오며 - 박노해 시 <굽이 돌아가는 길> 제시 《TIP!!》 오랜 시간이 필요한 일이므로 여럿이 함께가는 것이 의미 있음을 설명함.	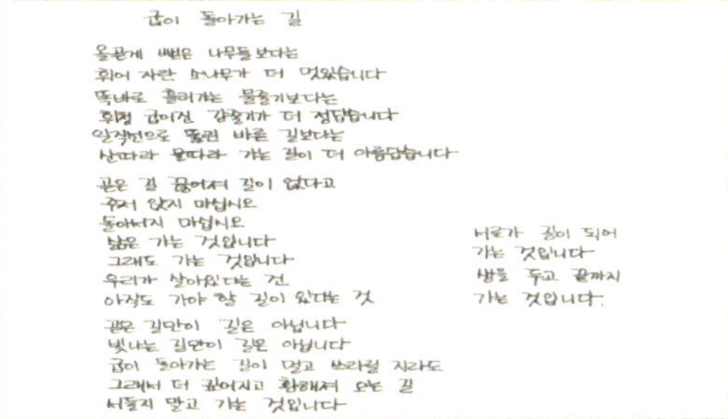 굽이 돌아가는 길 올곧게 뻗은 나무들보다는 휘어 자란 소나무가 더 멋있습니다 똑바로 흘러가는 물줄기보다는 휘청 굽이친 강줄기가 더 정답습니다 일직선으로 뚫린 바른 길보다는 산따라 물따라 가는 길이 더 아름답습니다 곧은 길 끊어져 길이 없다고 주저 앉지 마십시오 돌아서지 마십시오 삶은 가는 것입니다 그래도 가는 것입니다 우리가 살아있다는 건 아직도 가야 할 길이 있다는 것 곧은 길만이 길은 아닙니다 빛나는 길만이 길은 아닙니다 굽이 돌아가는 길이 멀고 쓰라릴지라도 그래서 더 깊어지고 환해져 오는 길 서둘지 말고 가는 것입니다 서로가 길이 되어 가는 것입니다 생을 두고 끝까지 가는 것입니다.

학교 비전에 맞는 교육과정 만들기

비전에 맞는 교육과정의 중요성

비전은 앞서 알아본 바와 같이 조직이 장기적으로 지향하려고 하는 가치관이나 이념을 말한다. 구성원이 꿈꾸는 학교상과 교육목표를 담고 있는 지향점이다. 학교는 비전에 기반하여 학교를 운영하고, 학년·학급·교과별 교육과정, 학교 행사, 특색교육 등 교육공동체 전체가 함께하는 교육활동 계획을 세운다.

그런데 매년 구성원이 바뀌게 되면서 새로운 구성원은 그 활동의 의미나 취지를 이해하지 못한 채 결정된 내용만 실행하는 일이 생기기도 한다. 그러다 보면 교육과정 운영 과정에서 어려움을 겪게 된다. 이런 문제에 대비해서 학년 초 전입교직원들을 대상으로 오리엔테이션을 운영한다. 또한 기존 교사가 전입 교사에게 교육활동의 의미를 설명해 주고는 있지만 바쁜 일정 속에서 한 번의 설명으로 의미 전달이 잘 안되는 때가 많다. 이는 비전과 교육 중점은 문서상에만 존재하고 구성원들은 각자의 교육관에 따라 아이들을 교육하는 상황에 이르게 한다. 따라서 비전이 선언이나 구호로 그치지 않고 실제 교육으로 실현되기 위해서는 학교의 중점 교육활동이나 학년·학급·교과별 교육과정이 비전과 교육목표에 따라 이루어지고 있는지 살펴볼 필요가 있다.

교육과정 설계 워크숍 디자인

활동 순서	활동 내용	활동 TIP
마음 열기	○ 각자의 성격 유형 알아보기 - 각자의 MBTI 특징 키워드로 소개하기 - 성격과 관계성 알기	
교육목표 만들기	○ 우리 학교 핵심가치 제시하기 예) 자기주도, 어울림, 행복, 건강 ○ 모둠별 핵심가치를 반영한 교육목표 만들기 · 1모둠: 자기주도+성장 · 2모둠: 어울림+성장 · 3모둠: 건강+성장 ○ 모둠별 교육목표 공유하기 - '갤러리 워크'로 의견 나누기 ○ 모둠별 교육목표 선정하기 예) 자기주도+성장 → (배움성장) 스스로 탐구하고 도전하며 배움을 즐기는 어린이	*모둠별 교육목표는 학년별교육목표로 활용할 수 있음
특색 교육 만들기	○ 학년 교육목표에 맞는 대주제 정하기 예) (마음나눔) 서로 존중하고 협력하며 따뜻한 마음을 나누는 어린이 → 우리 마을 환경 지킴이 학교폭력 없는 우리 학교	
프로젝트 수업 설계	○ 구체적 교육활동 설계하기 - 대주제 맞는 교육활동 발산하기 - 교육활동 배열하기 예) 다가가기 → 알아보기 → 표현하기 ○ 관련 교과 및 성취기준 연결하기 ○ 설계한 교육활동 공유하기	*프로젝트수업 절차는 다양하게 설정할 수 있음
성찰하기	○ 5글자로 말하기 - 올해의 교육과정 운영을 위한 희망 메시지	

1. 마음열기

각자의 성격 유형 알아보기

〈진행방법〉

① 각자 MBTI 성격 유형에 따른 특징을 키워드 3개로 접착 메모지에 써보기
② 모둠별로 나의 성격 특징에 대한 이야기 나누기
③ 모둠에서 대표 발표자 1명 선정하기
④ 모둠 대표 발표 공유하기
⑤ 성격과 관계성 설명 듣기

《TIP!!》 MBTI 성격 유형은 변할 수 있으며 최근의 상태를 말해주는 것으로 각자의 성격이 고정되어 있지 않음을 안내함.

1. MBTI로 알아보는 나의 성격

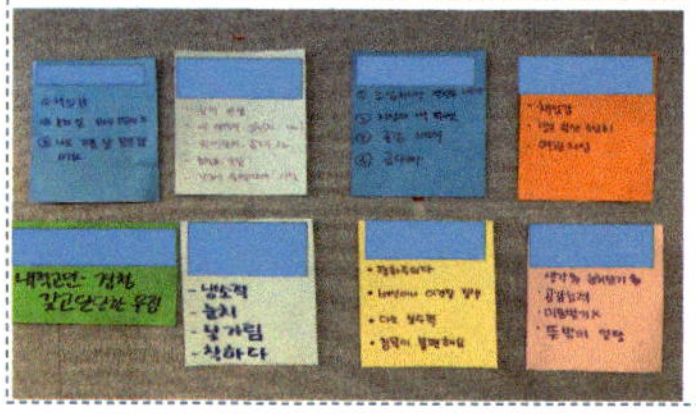

나에게 맞는 키워드 찾아서 모둠 내에서 소개하기

1. MBTI로 알아보는 나의 성격

관계는 언제 좋아지나?

타자에 대한 인정
다름에 대한 환대

2. 교육목표 만들기

활동내용	프레젠테이션(예시)
① 우리학교의 핵심가치 제시	**2. 교육목표 만들기** ❖ 가장 기본 가치가 되어야 할 것은? • 자기주도(주체성, 호기심, 도전, 문제해결력, 문화적향유) • 어울림(함께, 공동체의식, 존중, 책임, 자존감) • 행복 • 건강
② 모둠별 교육목표 만들기 - 각자가 모둠별 핵심가치를 반영한 교육목표 만들기 · 1모둠: 자기주도+성장 · 2모둠: 어울림+성장 · 3모둠: 건강+성장	**2. 교육목표 만들기** ❖ 모둠별 활동 • 모둠별로 핵심가치를 반영한 교육목표 만들기 • 1모둠: 자기주도 + 행복 • 2모둠: 어울림 + 행복 • 3모둠: 건강 + 행복

활동내용	프레젠테이션(예시)
③ 우리학교 교육목표 공유하기 - 갤러리 워크 - 다른 모둠의 교육목표 중 가장 마음에 드는 곳에 투표	**2. 교육목표 만들기** ❖ 갤러리 워크 • 모둠별 설명하실 분 한 분이 남고 모두 다른 모둠으로... • 설명을 들은 후 질의응답 및 수정사항 반영 • 2라운드 진행 후 다시 원래 모둠으로... • 수정된 의견에 대한 원모둠별 의견 나누기
④ 교육목표 선정하기 - 모둠별 교육목표 후보 제시 - 전체 토의 후 최종 교육목표 선정하기	**2. 교육목표 만들기** 자기주도+행복: (배움성장) 스스로 탐구하고 도전하며 배움을 즐기는 어린이(O) 어울림+행복: (마음나눔) 서로 존중하고 협력하며, 따뜻한 마음을 나누는 어린이(O) 건강+행복: (건강세움) (자존감을 높이고) 자기관리능력을 키워 몸과 마음이 건강한 어린이(O) 자존감을 높이고 (서로 존중하며) 자기관리 능력을 키우는 어린이

3. 특색교육 만들기

활동내용	프레젠테이션(예시)
① 우리학교의 핵심가치 제시	**3. 특색교육 만들기** ❖ 우리학교 핵심가치 • 자기주도(주체성, 호기심, 도전, 문제해결력, 문화적향유) • 어울림(함께, 공동체의식, 존중, 책임, 자존감) • 행복 • 건강
② 우리학교 특색교육 아이디어 모으기 - 비전과 핵심가치 실현을 위해 학교 전체가 함께 노력해야할 주제를 접착 메모지에 써보기 - 모둠에서 핵심가치 별로 한 가지씩 선정하여 붙이기	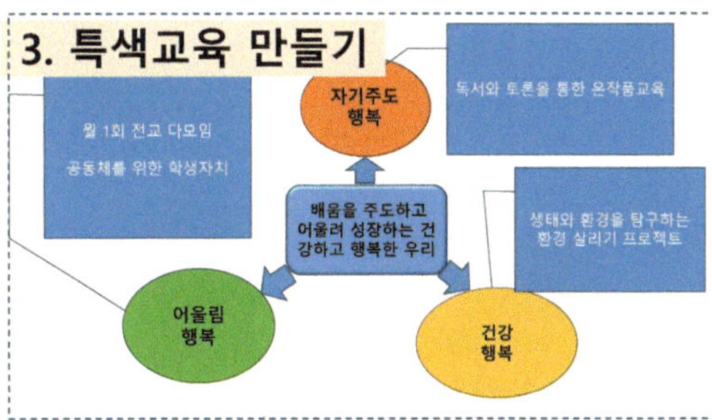

활동내용	프레젠테이션(예시)
③ 모둠별 특색교육 공유하기 - 투표하기 - 핵심가치별 최종후보 2개씩 선정하기	**3. 특색교육 만들기** ❖ **투표하기** • 핵심가치마다 한 표씩 투표하기(1인당 총 3표) • 핵심가치별 득표순으로 최종 후보 2개 선정하기 • 토의 또는 2차 투표를 거쳐서 특색교육 주제 정하기
④ 특색교육 주제 정하기 - 토의를 통한 합의나 투표로 특색교육 주제 정하기	**3. 특색교육 만들기** 1모둠: (자기주도+행복) 독서와 토론을 통한 온작품 읽기 활동 2모둠: (어울림+행복) 공동체를 위한 학생 자치 활동 3모둠: (건강+행복) 환경 살리기 프로젝트

4. 프로젝트 수업 설계하기

활동내용	프레젠테이션(예시)
① 특색교육 주제를 프로젝트 수업으로 설계하기	**4. 프로젝트 수업 설계** • 주제에 따른 활동은 어떤 것이 있을까요? - 구체적인 활동명 적기 - 마을과 연계할 부분이 있다면 어떤 내용을 연계할 지 함께 적기
② 활동 설계하기 1. - 선정된 주제 적기	**활동 구성하기** 1. "우리마을 환경 지킴이"를 주제로 할 수 있는 구체적인 교육활동을 찾는 활동입니다. 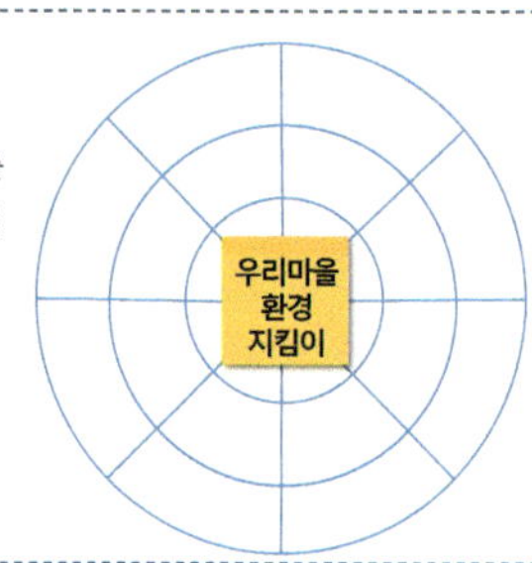

<table>
<tr><th>활동내용</th><th>프레젠테이션(예시)</th></tr>
<tr><td>③ 활동 설계하기 2.
- 구체적인 교육활동 키워드 적기
- 모둠에서 이야기 나누기</td><td>
</td></tr>
<tr><td>④ 활동 설계하기 3.
- 투표로 활동 선정하기
- 관련교과 및 성취기준
- 연계 가능한 자원 써보기</td><td>
</td></tr>
<tr><td>⑤ 활동 설계하기 4.
- 시수 표시하기</td><td>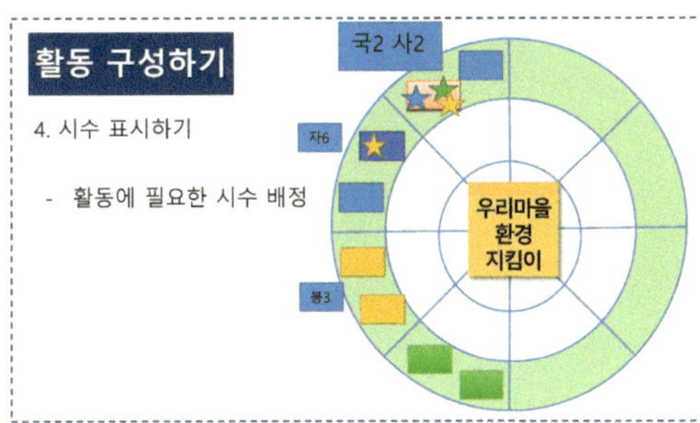
</td></tr>
<tr><td>⑥ 공유하기
- 갤러리 워크로 공유하기</td><td>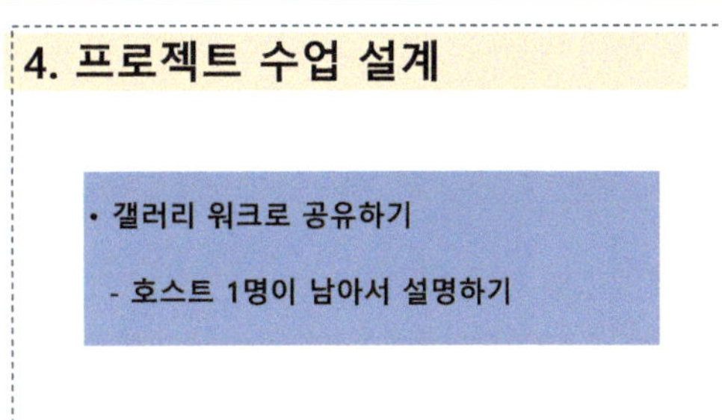
</td></tr>
</table>

공동체의 성장을 돕는 교육과정 평가회

교육과정을 돌아보며

학교는 학생들이 행복한 삶을 가꾸며 성장하는 곳이다. 학생의 성장에 초점을 두려면 미래의 행복을 위해서가 아니라 지금 살아가고 있는 현재, 즉 학교생활 속에서 행복을 느껴야 한다. 현재의 삶에서 느끼는 행복은 미래를 살아가는 데 필요한 역량과 가치를 내면화하는 힘을 가진다. 이를 위해서는 모든 교육공동체의 의견을 들어 학생들의 삶에 바탕을 둔 교육과정을 만들어가는 것이 중요하다. 1년의 교육활동이 마무리되는 시점에서는 함께 만들어가는 교육과정이 얼마나 학생의 현재 삶과 연관성을 가지는지, 학생의 개별적인 성장을 위해서 학교와 각각의 교육공동체는 어떤 노력을 하였는지를 돌아보고 다음해를 준비하는 시간이 필요하다.

교육과정 평가 워크숍 디자인

활동 순서	활동 내용	활동 TIP
마음 열기	○ 1년의 나를 표현할 수 있는 그림 소개하기 - 1년간 교육과정을 운영한 나를 표현할 수 있는 그림 선정하고 1분 말하기	*그림이나 사진카드 활용
내가 경험한 우리 학교	○ 내가 경험한 우리 학교는 ○○이다 - 각자의 가치단어 선정하고 나누기 - 모둠별 1명씩 공유하기	
나에게 의미 있었던 교육활동 나누기	○ 기억에 남는 교육활동 경험 나누기 - 경험 3가지 접착 메모지에 각각 1개씩 적기 - 전지(또는 이젤패드) 상단에는 긍정적인 경험을, 하단에는 부정적인 경험 붙이기 - 각자의 경험 나누기	

활동 순서	활동 내용	활동 TIP
	◎ 우리의 성장을 위한 칭찬 샤워! - 각자의 경험을 듣고 상대방에게 느껴지는 가치단어 나누기(2~3개) 예) 열정, 공감, 겸손 등 ◎ 전체 공유하기 - 모둠별 1~2명 의미있었던 교육활동 나누기	*전지 반을 접어서 상단은 +, 하단은 –로 표시하기 *경험 나눌 때 시간 제한 필요
성찰하기	◎ 실천 다짐하기 - 실천 내용 쓰고 서명하기	

1. 마음열기

1년의 나를 표현할 수 있는 그림 소개하기

〈진행방법〉

① 모둠별로 책상 위에 그림카드를 펼쳐 놓기
② 1년 동안의 나를 표현할 수 있는 그림카드 선택하기
③ 그림카드에 접착 메모지로 키워드 써 붙이기
④ 모둠 안에서 자기 소개하기
⑤ 1인당 1분 말하기

1. 마음열기 ❖ 올해의 나

- 1년 동안의 나를 나타낼 수 있는 그림카드 선택하기
- 선택한 그림카드에 어울리는 키워드 써보기

1. 마음열기 ❖ 올해의 나

- 모둠 안에서 자기 소개하기
- 1인당 1분 정도 시간 지키기

2. 내가 경험한 우리 학교

내가 경험한 우리 학교는?

〈진행방법〉

① 내가 경험한 우리학교에 대해 키워드로 정의하기
② "내가 경험한 우리 학교는 ○○이다!"
③ 모둠 안에서 각자 선택한 키워드로 이야기 나누기
④ 모둠에서 1명 선정하기
⑤ 전체 공유하기

3. 나에게 의미 있었던 교육활동 나누기

활동내용	프레젠테이션(예시)
① 기억에 남는 교육활동 경험 나누기 - 의미있는 교육활동 경험 3가지 접착 메모지에 각각 한 가지씩 써보기 - 전지 상단에 긍정적인 경험을, 하단에는 부정적인 경험 붙이기 - 모둠안에서 나누기	**3. 우리학교에서 의미 있었던 것은?** - 각자 다른 색의 매직을 선택 - 의미있었다고 생각되는 경험을 3가지 적어주세요! - 이젤패드의 그래프에 붙여주세요~
	3. 우리학교에서 의미 있었던 것은? - 의미있다고 생각되는 이야기 3가지를 선정 - 핵심키워드를 포스트잇 3장에 적고 - 모둠원들에게 자세히 들려주세요
② 우리의 성장을 위한 칭찬 샤워 - 각자의 경험을 듣고 상대에게서 느껴지는 가치단어 나누기(2~4개)	**3. 우리학교에서 의미 있었던 것은?** - 다른 분이 이야기할 때 - 그 분에게서 느껴지는 가치단어를 - 작은 포스트잇에 적어서 - 준비해 주세요(2~4개)
	3. 우리학교에서 의미 있었던 것은? - 그 분이 이야기를 마치면 - 붙이면서 이유를 이야기해 주세요
③ 전체 공유하기 - 모두별로 1~2명 의미있었던 교육활동 나누기	**3. 우리학교에서 의미 있었던 것은?** 모둠별로 한 두 분 정도 소개하기 (과도한 리액션은 건강의 지름길)

4. 성찰하기

활동내용	프레젠테이션(예시)
① 개인별로 우리학교의 성장을 위해 실천 할 것을 접착 메모지에 써보기	**4. 성찰하기** 우리학교의 성장을 위해 내가 실천할 수 있는 일은? 각자 실천할 수 있는 것을 적고 서명하기
② 나오며 - 방문객 시 제시 《TIP!!》 지금 나와함께 우리학교에 있는 교직원들에게 환대하는 것이 가장 큰 실천 과제임을 이야기함.	**나오며** ❖ 환대의 의미 사람이 온다는 건 실은 어마어마한 일이다 한사람의 일생이 오기 때문이다 - 정현종 '방문객' 중에서

3부

학교를 변화시키는 힘, 학습공동체

박명선 (초등 교육전문직)

퍼실리테이션은 철학입니다. 퍼실리테이션을 공부하면서 비로소 '존중'이라는 용어를 이해하게 된 것 같습니다. 대부분은 내가 존중받고 있다고 느낄 때 상대방에게 관대해지면서 좋은 관계로 이어집니다. 그렇지만 사람은 누구나 현명하다는 생각으로 다름의 차이를 인정하면서 이를 행동으로까지 옮기는 것은 저에게는 여전히 큰 숙제입니다. 배움이 더 필요한가 봅니다.

<주요경력>

· 교사 자발적 모임 '민주적 학교문화 연구팀' 소속
· 학교 회의 디자인 기초·심화·전문가 과정 수료(충청북도단재교육연수원)
· 학교 회의 디자인 기초과정 주 강사 및 심화과정 보조강사
· 단위학교, 도교육청·직속기관·교육지원청 등 기관 대상 워크숍 100회 이상

학습공동체가 필요한 이유

변할 것이라는 믿음

"나 혼자도 충분히 잘 할 수 있는데, 바쁜데 굳이 모여 놓고 워크숍은 왜 하는 건가요?"

"쌤, 난 명확하게 내가 해야 할 일을 말해주는 것이 좋아요. 윗분들이랑 상의해서 그냥 결정해 주세요. 따를게요."

2016년 11월, 교육청으로부터 교사학습공동체 운영을 잘 하기 위한 방법을 전수받고, 우리 학교 전체 교사를 대상으로 진행한 학습공동체 평가가 공식적인 첫 워크숍 경험이다. 학습공동체를 바람직하게 운영하려면 시기에 맞게 평가하고 계획 수립하는 것이 중요하기 때문에 학습한 내용을 잊기 전에 바로 실행해야겠다는 생각에 연수 직후, 50여 명의 선생님들을 한 장소에 모이게끔 안내하였다. 그런데 시작하는 순간부터 모임의 이유를 설명해 달라는 선생님, 빠르게 정해서 명확한 지침을 달라는 선생님들의 항의에 주눅 들었고, 접착 메모지의 사용 목적도 제대로 파악하지 못한 채 연수받은 기억을 더듬으면서 겨우겨우 워크숍을 이어갔던 생각이 난다.

이후에도 연구부장으로서 나름 앞서가는 리더십을 발휘하고 싶었던 나는 학년별 모임이나 전체 교직원 회의 시 워크숍 방식을 적극 권장했고, 접착 메모지만 보면 깊은 한숨을 내쉬는 선생님들을 참아내야만 했다. 분명 나의 시도는 소통을 위한 선한 의도였지만 실행과정에서 조차 구성원들과 제대로 된 소통을 하지 못했다.

지금 생각해 보면, 어설픈 퍼실리테이터 역할을 한 것도 문제지만 교사학습공동체의 개념과 필요성에 대해 고민해 보지 못한 채 의욕만 앞섰던 것 같다.

그렇지만 적어도 내게는 믿음이 있었다.

아무것도 변하지 않을지라도
내가 변하면 모든 것이 변한다

- 오노레 드 발자크

학습공동체의 개념과 필요성

학습공동체는 시·도교육청 및 단위학교에서 '전문적 학습공동체', '교사학습공동체', '탐구공동체' 등 다양한 이름과 양상으로 구현되고 있으며, '전문적'이라는 용어 사용 여부와 상관없이 동료성을 바탕으로 공동연구·공동실천하며, 교육활동에 한정해 소통·협의·공유함으로써 집단성장을 이루는 학습조직으로 대부분 규정하고 있다. 또한 학습공동체를 '교육연구회'[12]와 '동아리'[13]와 비교하여 구분 짓고 있으며, 학습공동체를 통해 교사의 전문적 성장과 교실 수업으로 학생들의 배움과 성장을 도모하는 목표를 설정하고 있다.

교사 전문성으로서 가장 핵심적인 영역은 '수업'(진영은·함영기, 2009)이며, 교사 전문성 개발에 대한 전통적인 교사 연수의 한계점을 극복하기 위한 대안책으로 학습공동체가 주목받게 되었다. 학습공동체에 대해 학자들마다 내리는 정의가 서로 다르지만 학습공동체는 교육전문가로서의 교사들이 비전을 공유하고 집단지성을 바탕으로 서로 소통·협력하며 수업 전문성 신장을 위해 함께 노력하며 성장해나가는 공동체(서우철, 2014)라고 할 수 있다. 따라서 학습공동체를 운영하기 위해서는 그 개념에 담겨 있듯이 학습공동체에 참여해야 하는 목적을 공유하고, 공동비전을 마련함으로써 교사들이 스스로 필요성을 느끼게끔 하는 선행작업이 필요하다.

왜 교사는 연대해야 할까?

교사가 되기 위해 교육대학이나 사범대학을 졸업하고 관련 자격을 갖추는 것은 매우 중요한 일이지만, 교사로 임용되는 것이 곧 전문성을 갖췄다고 보장하는 것은 위험한 일이다. 초임 교사들이 부임 후 겪는 당혹스러움은 교사라면 누구나 공감하는일이

12) 교육 관련 주제에 대한 심도 있는 연구 활동을 위한 학교 밖 학습조직
13) 다양한 분야에 대한 취미활동과 소질계발을 위한 학습조직

지만 학교 안의 교사를 성장시켜주는 제도적 시스템은 미흡하다. 교감이나 수석교사가 신규 교사들을 멘토링하고 지원하도록 대부분의 교육청에서 권한과 역할을 부여하고 있지만, 이러한 장치는 간혹 규제나 통제로 느껴져 오히려 자율성을 저해하고 전문성을 하락시킬 수 있다. 외부의 통제는 표준화·일상화·관례화됨으로써 일의 효율성을 가져오지만, 교사의 탈전문화(오욱환, 2018)를 가져온다. 교사의 탈전문화는 수업과 생활교육으로 직결되어 학생들의 성장을 가로막고 학교 교육력을 저하시킬 수 있기 때문에 학교교육에서 교사 전문성 강화는 강조되어야 마땅하다.

그런데 교사 전문성에 대한 논의는 초임교사에게만 해당되지 않는다. 코로나19 이후 갑작스럽게 찾아온 온라인 수업은 교사 간 디지털 격차를 낳았고, 에듀테크 활용 능력은 수업의 질을 결정하는 역할을 하기도 하였다. 위기는 기회라고 하지 않았던가. 교사에게 당면한 온라인 수업은 교사 간의 협력을 자연스럽게 끌어냈고, 동일 교과 또는 동일 학년 간 일상적인 협의가 이루어지는 계기가 되기도 하였다.

최근 지방소멸 및 학령인구 감소에 대응하여 개별 맞춤 교육에 대한 관심이 매우 커지고 있다. 이에 따라 개별 학생에 대한 배려, 정확한 진단, 적합한 처치 등 학생 개개인에게 코칭 수준의 교수·학습방법을 강조한다. 콜먼에 의하면 학교 교육의 성패는 재원의 규모에 의해 좌우되지 않으며, 학생에 대한 교사의 교육적 애정이 상당히 중요하게 작용(오욱환, 2018)한다. 교육적 열정은 개별 학생에 대한 세심한 배려로 나타나는데, 교육적 열정이야말로 교사 상호 간 연대·협력하는 자발적인 학습공동체를 통해 지속될 수 있다.

학습공동체에 스며들기 위한 회의 디자인

한 설문(김동원, 2022)에 따르면 학습공동체에 참여하며 구성원 스스로 성장하고 있다는 경험을 얻게 되면, 이후 학습공동체 참여와 관련된 내적 동기가 유발되어 개인의 참여가 활성화된다. 학습공동체에 대한 필요성 인식은 구성원 간 비전 공유와 공감대 형성을 촉진할 수 있으므로 비전 교류의 창구 형태로 학습공동체의 개념을 인식하고 필요성을 자발적으로 느낄 수 있는 워크숍이 필요하다. 물론 시·도교육청에서 학습공동체의 개념을 정의하고 있지만, 학교 구성원이 학교 여건에 맞게 개념을 새롭게 정의할 수 있으며 개인마다 느끼는 필요성은 상황에 따라 달라질 수 있다.

다음 제시된 내용은 학습공동체의 필요성을 인식하고 구성원이 합의하여 개념을 정의하는 워크숍 디자인 예시이다.

1. 왜 함께해야 하죠?

질문 던지기	프레젠테이션(예시)
① 학교에서 외로이 고군분투한 적이 있나요?	**교사의 역할** **부모, 친구, 컨설턴트, 의사, 매니저, 감독, 인솔자, 복지사, 판사, 산타, 기타**
② 수업과 생활교육에 있어 어려움이 닥치면 여러분은 어떻게 대응하고 있나요?	**수업과 생활교육의 어려움을 어떻게?** · 혼자서 조용히 해결 · 더 힘들면 외부연수 찾아보기 · 나홀로 현장 적용 · 또 다시 시작되는 시행착오 · 교사 자존감, 효능감 저하 · 또 다른 문제 발생 · 번 아웃
③ 이렇게 반복되는 문제를 학교 안에서 해결할 수 없을까요? 《Tip!!》 교사 전문성 관련 학자나 작가의 말 인용 추천, 평소에 적어두는 습관도 중요해요!	**대다수의 교사는 매우 우수하다.** **문제는 다른 교사와 연계를 갖지 못한다는 점이다.** **연계라는 것은 다른 교사와 전문능력을 공유함으로써 훨씬 더 유능한 사람이 된다는 것을 의미한다.** **- 학교를 개선하는 교사/풀란&하그리브스**

퍼실리테이터의 역할은 매우 다양하지만 학습의 촉진자로서 새로운 아이디어나 개념, 이론의 전달보다 학습자의 경험을 활용하여 학습자가 의미 있는 깨달음을 얻을 수 있게 해야 한다(전승희, 2019). 따라서 구성원이 자발적으로 참여하거나 몰입할 수 있는 적절한 질문을 던지는 것이 중요하다. 교사가 겪고 있는 어려움을 워크숍을 통해 꺼내놓기만 해도 일부 해소될 수 있어야 하며, 서로의 다독임과 상호지원으로 성장할 수 있다는 기대감이 충족되도록 디자인해야 한다.

〈유네스코 2050 보고서: 함께 그려보는 우리의 미래〉

- 협력과 팀워크는 교사노동의 특징이어야 한다.
- 지식생산, 성찰 및 연구는 교육에 필수적이어야 한다.
- 교사의 자율성과 자유를 지지해야 한다.
- 교사는 교육의 미래에 대한 공적 토론과 대화에 참여해야 한다.

- '5장. 교사의 변혁적 노동' 중에서 -

'유네스코 2050 보고서'에 따르면 교사 전문성은 협력과 팀워크에 기반해야 하며, 공동연구·공동실천 등 학습공동체와 맥을 같이 하고 있다. 학습공동체의 필요성을 인식하기 위한 방법으로 다음과 같이 '함께 책 읽기 워크숍'을 추천한다.

2. 함께 책 읽기

'함께 책 읽기 워크숍' 진행 방법

〈진행방법〉

① 나에게 의미 있는 문구 3개 찾아 동그라미 하기
② 모둠 내에서 의미 있는 문구와 이유 나누기(개인별 3분 이내, 모둠원 4명 내외)
③ 모둠별로 의미 있는 문구 유목화하기
④ 전체 공유하기: 모둠원 1명이 발표하거나 갤러리 워크 방식으로 공유하기

함께 읽기	의미 있는 문구 나누기
제시 된 글을 읽고 나에게 의미 있는 문구 3가지 동그라미	- 내가 고른 의미 있는 문구 - 접착 메모지에 키워드 중심으로 적기 - 문구를 고른 이유 모둠에서 나누기 - 한 분당 3분 이내

학습공동체의 의미와 필요성을 찾기 위한 방법으로 '함께 책 읽기'는 나의 생각을 정리하고 상대방의 의견을 통해 성찰할 수 있는 기회를 제공한다. '성찰'은 대표적으로 교육학자 듀이(Dewey, J.)의 '반성적 사고'로 설명될 수 있는데, 이는 의식적이고 자발적으로 공통의 목표를 향해 일관된 움직임으로 연결(이경숙, 2015)되어야 한다. 다시 말해, 교사학습공동체를 운영할 때 구성원들이 반성적으로 성찰하고 이를 구성원들과 공유하고 실천한 뒤, 실천한 결과에 대해 성찰하고 다시 공유하고 실천하는 과정이 반복

(고영미, 2017)되어야 한다. '함께 책 읽기'와 같은 워크숍은 그룹의 리더나 참석자가 큰 부담 없이 진행할 수 있는 장점이 있으며, 사람들 간의 사회적 연결과 소속감을 형성하는데 도움을 준다.

3. 학습공동체의 오해와 이해

학습공동체를 지속적으로 운영하기 위해서는 구성원의 합의가 이루어져야 하는데, 가장 먼저 이루어져야 하는 합의는 개념 정의다. 따라서 내가 생각하는 학습공동체에 대한 개념을 되돌아보고, 학교 구성원이 그 개념에 대해 나눠보는 시간이 필요하다.

나에게 학습공동체란?

〈진행방법〉

① 학습공동체에 참여하는 나만의 목표, 떠오르는 가치를 핵심 단어로 표현하기
② 모둠 안에서 각자가 쓴 핵심 단어에 담긴 의미 나누기
③ 모둠원의 생각 유목하기

〈주의사항〉 접착 메모지에 쓰여 있는 단어만 보고 바로 유목화해서는 안 되며, 모둠원의 생각을 듣고 분류하되, 쓰여있는 단어가 다르더라도 그 의미가 유사할 경우 같은 범주에 분류할 수 있다.

④ 오늘 모인 구성원 전체가 생각하는 '학습공동체' 정의하기
- 전체 유목화 과정에서도 모둠에서 분류한 핵심 단어의 설명을 듣고 분류하기
- 추가적으로 여러 핵심 단어를 한 문장으로 표현해 보는 활동도 가능
  예) 학습공동체란 동등하고 편안한 분위기에서 함께 공유하고 성장하는 공동체다.

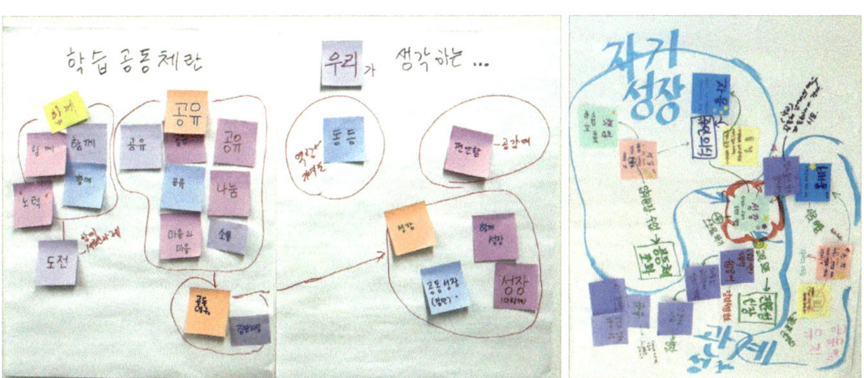

앞의 사진을 보면 각자의 생각이 한 공간으로 묶이거나 연결선으로 이어지기도 한다. 소소한 나눔의 시간이지만 유목화하는 과정에서 나와 상대방의 생각이 유사하다는 것이 확인되면 연대감이 깊어지고, 만약 다를 경우 상대방을 이해하는 계기가 된다. 다시 말해, 구성원이 생각하는 학습공동체의 개념을 한 문장으로 정의 내려보는 시간도 중요하지만, 자신이 생각하는 학습공동체의 개념을 나누면서 서로의 생각을 확인할 수 있고, 이는 상호성장하는 기회가 될 수 있다.

학습공동체, 제대로 알고 있을까?

〈진행방법〉

① '학습공동체의 오해와 이해 퀴즈'를 제시한다.
② O, X 결과는 미리 보여주지 않고 질문을 차례로 던지며, 결과와 이유를 나눈다.
③ 퀴즈 후, 학습공동체의 개념을 최종적으로 정리한다.

학습공동체의 오해와 이해

× 학습공동체는 특정 시간에 운영하는 교내 연수다.
△ 학습공동체의 성공을 위해서는 친목 도모가 우선이다.
○ 학습공동체는 공동연구 뿐만 아니라 공동실천을 기반으로 한다.
△ 학습공동체는 수업공개를 위해 필요하다.
△ 학습공동체는 선생님들의 관심사에 집중하여 구성하면 된다.

결국 학습공동체란,

**교사들이 전문가로서의 경험과 판단을 가지고 함께 모여,
공동의 목표를 설정하고 해결방안에 대해
공동연구하고 공동실천하는 것**

위에 제시된 '학습공동체의 오해와 이해' 퀴즈에 대한 설명이 필요하겠다. 먼저 학습공동체를 원활하게 운영하기 위해서는 정해진 시간이 필요하다. 그렇지만 학습공동체는 교내·외 강사에 의존해 정해진 시간 안에 진행하는 연수 개념으로만 설명될 수 없으며, '교내'로 한정 짓기도 어렵다. 두 번째로 바람직한 학습공동체는 항상 '친목 도모'가 우선이 되어서는 안 되겠지만, 서로 간의 깊은 이해와 긍정적인 관계가 선행되어야 활발한 소통이 이루어진다는 것은 불변의 진리이다.

대다수의 연구에서 교사학습공동체를 수업의 질 개선과 학생성장을 위한 핵심전략으로 밝히고 있다. 교사학습공동체가 교사의 전문성 향상에 기여한다는 점, 팀 활동을 하는 교사가 그렇지 않은 교사에 비해 새로운 교수전략을 만들어내고 실행할 가능성이 높다는 점, 학습의 질에 초점을 둔 교사학습공동체 소속 교사들이 더 효과적인 수업을 실행했고, 교사학습공동체의 존재가 새로운 수업 실행을 위한 조직학습을 했다는 점 등이 입증된 것은 사실이다. 다만, 학습공동체 존재 자체가 수업 공개 등의 수업 나눔만의 목적으로 설명되기에는 실제 그 기능이 확장되어 있다. 앞서 언급한 설문[14](김동원, 2022)에 의하면 교사들은 학습공동체에 대한 목적을 주로 '공동체적 학교조직 문화 개선'(공동연구 및 공동실천 문화 확산 43.4%, 소통과 협력의 학교문화 조성 38.3%)으로 인식하고 있으며, '수업 및 평가 개선'(16.1%)은 상대적으로 낮게 인식하고 있다. 대체로 교원들이 학습공동체의 취지에 맞게 그 목적을 인식하고 있다고 판단되지만, 수업 개선을 통한 학생성장에 초점을 두어야 하는 학습공동체가 현재는 학교조직 문화 개선 측면에서 인식되고 있어 학습공동체 본연의 목적을 달성하기 위한 다양한 전략이 필요하겠다.

마지막으로 학습공동체는 교사들의 관심도에 따라 주제가 달라질 수 있지만, 다양한 분야에 대한 취미활동과 소질계발을 위한 학습조직인 학습동아리와 구분되어야 한다. 다행인 것은 앞서 나온 설문조사에서 학습공동체의 목적을 '취미 공유 및 친목 도모'로 인식하는 교원은 1.6%에 불과하다.

4. 교사 전문성과 리더십

학습공동체를 활성화하기 위해서는 교사 리더십을 발굴하고, 이를 발전 및 유지시킬 수 있는 방안이 필요하다(황유진, 2017). Katzenmeyer & Moller(2019)에 의하면, 혼자서 일하는 것을 선호하는 교사들이 있는 반면에 다른 사람과의 교류를 통해 에너지를 얻는 교사들이 있으며, 이러한 관계 중심의 교사 리더십은 학생의 성취도를 좌우한다. 이에 학교에서 '잠자는 거인'인 교사 리더십 함양의 중요성을 강조하고 있다.

다음은 교사 리더십 워크숍 예시이다.

14) 조사 시기: 2021.11.8.(월)~11.17.(수) / 조사 대상: 충청북도 유·초·중·고 교원 총 2,468명

교사 리더십 알아보기

〈진행방법〉

① '리더십'하면 떠오르는 단어를 보기에서 고르거나 자신의 생각을 작성하고, 그 이유를 설명한다. 이때 리더십 단어와 그 이유를 각각 다른 접착 메모지에 작성한다.

리더십이란____________이다.

왜냐하면______________이기 때문이다.

② 전지 또는 이젤패드 상단에 모둠의 생각을 배열한다.

③ '우리 모둠이 생각하는 리더십'을 한 문장으로 합의하여 표현한다.

④ 모둠 간 다양한 방법으로 공유한다.

참고 비유단어

바람	파도	치즈	우산	해
해바라기	자전거	장갑	무지개	달
선풍기	당근	바다	달팽이	하늘
소나무	장미	산	우주	민들레
땅	개미	거미	집	책
의자	그늘	수저	그릇	벌
나비	배	집밥	등대	휴대폰

☞ 낱말이 쓰여있는 카드를 펼쳐놓고 골라도 좋다.

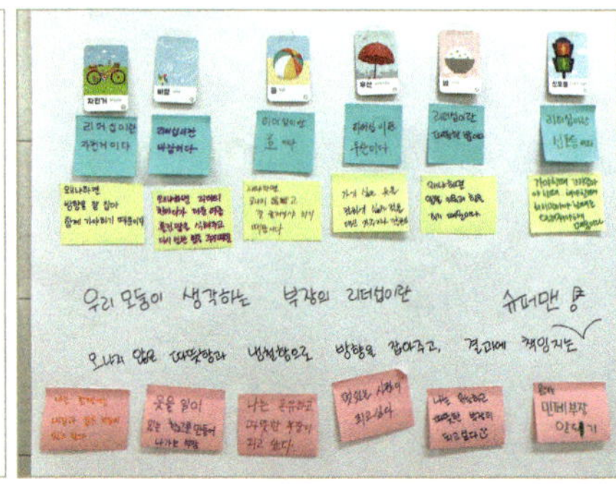

리더십 함양 연수는 강의식으로 진행하는 것보다 공동연구와 공동실천을 경험해 볼 수 있는 워크숍 방식으로 진행하는 것이 효과적이다. 자신이 경험한 이야기를 충분히 나누고, 리더로서의 역할을 함께 만들어가는 경험은 큰 배움이 될 수 있기 때문이다.

'우리 모둠이 생각하는 리더십' 한 문장 표현 예시

- 우리 모둠이 생각하는 리더십이란 모나지 않은 따뜻함과 냉철함으로 방향을 잡아 주고, 결과에 책임지는 슈퍼맨!
- 우리 모둠이 생각하는 리더십은 소통과 배려로 길잡이가 되어주는 것
- 아름답게 날아오르는 조력자이자 원동력(에너지)이다.
- 우리 모둠이 생각하는 리더십은 신호등 같은 지도와 바다 같은 포용력, 바나나와 같은 일관성, 해와 같은 따뜻함, 매미와 같은 기다림이다.

학습공동체 계획 수립의 중요성

앤디 하그리브스는 『학교교육 제4의 길』에서 교사와 학교의 개혁을 위한 가장 좋은 방법은 연구보고서를 공부하거나 명연설을 듣는 것이 아니라 동료교사 간에 서로 보고 듣고 배우는 것이라고 말했다. 한 지역의 전체 학교(506교) 대상 조사(충북교육청, 2023)에 따르면, 학교별 맞춤형 교육과정 운영을 위해 가장 중요한 요소로 학습공동체가 선정이 되었으며, 맞춤형 교육과정 운영을 위해 필요한 지원사항 1위로 역시 학습공동체를 희망하였다. 세부 내용을 보면 대부분의 학교가 프로젝트 수업, 학교교과목 개발, 교육공동체의 요구를 반영한 교육과정 운영을 위해 학교 스스로 노력할 점을 '교사학습공동체 활성화'로 답하고 있다.

교사학습공동체 활성화를 위해서는 참여 교사 간 높은 공감대가 있어야 하며, 참여의지를 높이기 위해서는 학습공동체 계획을 참여 주체가 함께 모여 수립해 보는 것이 필요하다. 다음은 A지역 연구부장 대상 학습공동체 역량강화 워크숍 및 학교로 찾아가는 워크숍 예시이다.

학습공동체 계획 수립 워크숍 디자인

활동 순서	주요 질문	준비물	활동 TIP
마음 열기	Q. 내가 경험한 학습공동체는?	그림 카드	*카드가 없어도 진행 가능
왜 학습공동체지?	Q. 학습공동체의 필요성은? - 더 나은 교사의 삶을 위한 방법 - 학습공동체 운영이 잘 안 되는 이유	전지 또는 이젤 패드, 접착 메모지, 매직	
학습공동체 계획 함께 세우기	Q1. 교사에게 필요한 전문성은? (우리 아이들에게 필요한 교사 전문성) Q2. 우리 학교, 학년 교사들이 학습공동체에서 함께 연구하고 실천할 것은? Q3. 학습공동체에서 함께 해 보고 싶은 BEST 3는?		*'생각의 피자판'은 직접 그리거나 사전 제작
1년의 실천 계획 수립하기	Q. 선정된 주제에 대한 학습공동체 1년의 목표와 목표 달성을 위한 구체적인 연구, 실천 방법은?		
실천 약속하기	Q. 학습공동체와 관련해서 1년 간 나의 실천을 구체적으로 생각해 보면?		

학습공동체 계획 수립 워크숍 실제

1. 마음열기

어떤 종류의 회의든지 활발한 회의를 위한 분위기 형성이 선행되어야 하는데 회의 내용과 관련된 내용이거나 회의 과정을 촉진할 수 있는 활동이어야 한다. 분위기 전환을 위한 과도한 마음열기 활동은 오히려 참석자들에게 거부감을 주거나 자칫 레크레이션 활동처럼 비춰질 수 있다.

내가 경험한 학습공동체는?

〈진행방법〉

① 모둠별 이미지 카드를 배부하고 그림이 보이게 책상에 펼친다.

② 자신이 경험한 학습공동체와 가장 어울리는 사진을 1장 고르고 접착 메모지에 사진에 맞는 단어나 내 생각을 핵심적으로 표현한 단어를 작성한다.

③ 모둠에서 돌아가면서 한 명당 1분 내외로 이야기를 나눈다.

*이미지 카드 대신 느낌 단어 카드나 이모티콘을 활용해도 좋다.

*그림 카드가 없으면 관련 키워드를 접착 메모지에 쓰고 생각을 나눠도 좋다.

※ 이미지 카드는 나의 생각을 끌어내는데 도움을 주는 효과적인 도구이다.

2. 왜 학습공동체지?

'방향을 함께 지속하는 실천'은 힘이 강하다. 학습공동체가 활성화된 학교의 교육과정 평가회에서 선생님 한 분이 '보호해주지 않는 시스템, 지켜주는 동료들'이라 평가한 바 있다. 학습공동체를 통한 연대와 실천은, 한 그루의 나무로 교사 홀로 서 있는 것이 아니라 쉬이 쓰러지지 않는 숲으로 우뚝 설 수 있게 한다. 학습공동체는 아이들의 더 나은 교육을 위해 필요하지만 동시에 더 나은 교사의 삶을 위한 것이다.

그런데 대부분의 학교에서 학습공동체가 순조롭게 운영되는 것은 아니다. 학습공동체의 중요성을 인식하고 있음에도 불구하고 왜 잘 안되는 걸까. 학습공동체가 우리 학교, 우리 아이들, 우리 학교 선생님들의 삶과 필요에 기반한 것이 아닐 때, 교육과정과 밀접한 관련이 없을 때, 형식적으로 운영되거나 의무적으로 이수해야 하는 연수, 정기 협의회처럼 느껴질 때 참여도는 낮아질 수밖에 없다. 우리가 꿈꾸는 학교 문화는 '주어진 업무 때문에 바빠서 학습공동체 할 시간이 없어요'에 머무는 것이 아니라 '학습공동체가 없으면 어떻게 수업을 하나요?'로 바뀌기를 기대한다. 그러기 위해서는 우리 학교의 학생들과 교사들에게 필요한 것이 무엇인지 진단하여 학습공동체의 주제를 찾아야 하며, 함께 계획을 수립해야 한다. 그러므로 아주 작은 과제라도 함께 실천할 수 있는 계획을 수립해 보았으면 한다.

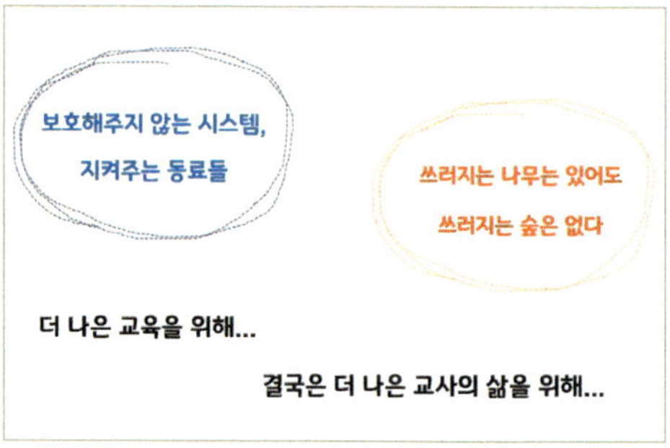

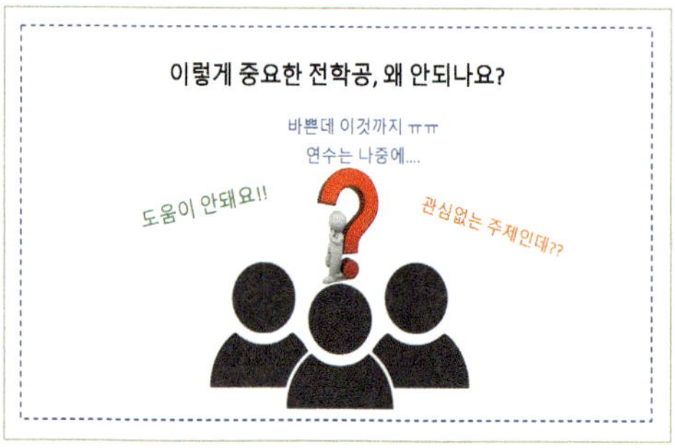

3. 학습공동체 계획, 함께 세우기

교사학습공동체는 교사들의 전문성 개발을 목적으로 한다. 그런데 단순히 개별 교사의 전문성 개발을 위한 연수는 개인의 부족한 부분을 채워주거나 계몽적 관점에 머무는 경우가 많다. 따라서 학습공동체는 '집단전문성' 개발에 중점을 두어야 한다. 집단전문성이란 Pierre Levy의 집단지성의 개념을 토대로 한 전문가집단의 새로운 지성을 의미한다(서경혜, 2015). 과거부터 철저히 독립된 교실 문화나 분절적 교과주의, 교사 개인의 지식과 경험에만 의존하는 학교체제는 수업의 질적 개선에 크게 도움이 되지 않는다는 것은 누구나 공감하는 사실일 것이다.

소경희(2022)에 따르면 교사들의 적극적이고 자율적인 전문성이 강조되는 시대로 오면서 교사들의 전문적 판단과 역량에 대한 신뢰를 바탕으로 전문성 개발의 방향성이 외부로부터의 지식 투입에서 교사 집단 내부의 협력으로 변화했다. 따라서 다음 제시된 워크숍은 교사 내부의 집단전문성 개발을 목적으로 설계하였다.

Q1. 교사에게 필요한 전문성은 무엇일까? (우리 아이들에게 필요한 교사 전문성)

〈진행방법〉

① 모둠에서 각자 질문과 관련된 자신의 생각을 접착 메모지에 핵심단어로 작성한다.
(접착 메모지 1장에는 1개의 아이디어 작성하기)
② '생각의 피자판' 안쪽 첫 번째 칸에 작성 내용을 붙인다.
③ 각자가 돌아가며 작성한 핵심단어에 대해 설명한다.
④ 비슷한 내용이 있으면 유목화하거나 여러 개의 아이디어를 포함할 수 있는 상위 개념으로 다시 작성해서 붙인다.

교사전문성 개발의 목적은 학생성장에 있음을 잊지 말아야 하며, 학생성장의 목표는 대부분 학교 비전으로부터 출발한다. 비전이 멋진 광고 문구로 끝나지 않고 학교의 모든 교육활동 속에 살아있는 교육활동의 근간이 되려면 학교 비전을 학습공동체의 중심으로 삼아야 한다. 또한 학교 비전은 학교 공동체가 나아갈 방향을 담은 교육적 이정표이므로 비전 실행을 위한 교과나 학년 단위의 학습공동체 활성화가 매우 중요하다.

Q2. 우리 학교, 교사들이 학습공동체에서 함께 연구하고 실천할 것은?

〈진행방법〉

① 질문 1에서 나온 교사 전문성을 신장시키기 위해 함께 연구하고 실천할 수 있는 구체적인 아이디어를 '생각의 피자판' 안쪽 두 번째 칸에 각자 최대한 많이 붙인다.
② 역시 1장에는 1개의 아이디어를 작성하며, 다른 사람이 생각한 전문성 칸에도 아이디어를 발산한다.
③ 각자가 돌아가며 작성한 내용을 설명한다.
④ 비슷한 내용이 있으면 유목화하거나 여러 개의 아이디어를 포함할 수 있는 상위 개념으로 다시 작성해서 붙인다.

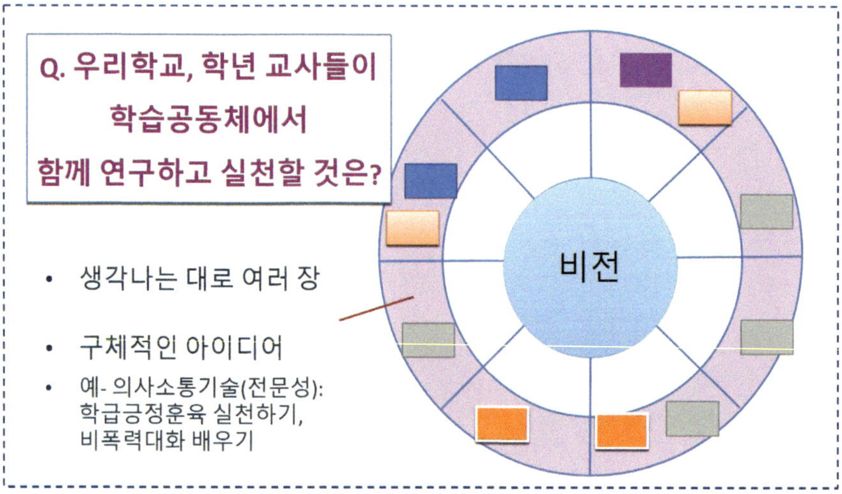

우리 학교 전체, 또는 학년 및 교과별 학습공동체에서 함께 연구하고 실천할 수 있는 주제는 학교 비전이나 학생성장의 목표를 중심에 두고 생각해보되, 시간이 짧아서 한두 사람의 생각으로 정리가 되거나 지나치게 긴 시간 제공으로 지치지 않도록 발산 시간을 적절히 조절하는 것이 중요하다. 각자의 생각이나 의견을 발산할 때 의도한 방향에 맞게 진행하기 위해서는 피자판 가운데에 학교 비전을 쓰거나 우리 학교가 기대하는 학생성장 목표를 기술하는 것이 도움이 된다.

Q3. 학습공동체에서 함께 해 보고 싶은 BEST 3는?

〈진행방법〉

① 1인당 3장의 스티커를 가지고 구체적인 아이디어(바깥쪽 원)에 투표한다.
② 가장 많이 득표한 아이디어를 선택한다.

《Tip!!》 만약 전체 학교가 1개의 학습공동체 주제를 선정하고 싶다면, 모둠에서 선정한 아이디어를 전체 공유하고 다시 투표하는 과정을 거친다. 이때, 각 모둠에서 자신의 주제를 적극 어필하는 시간을 가져야 전체의 생각을 공유할 수 있다.

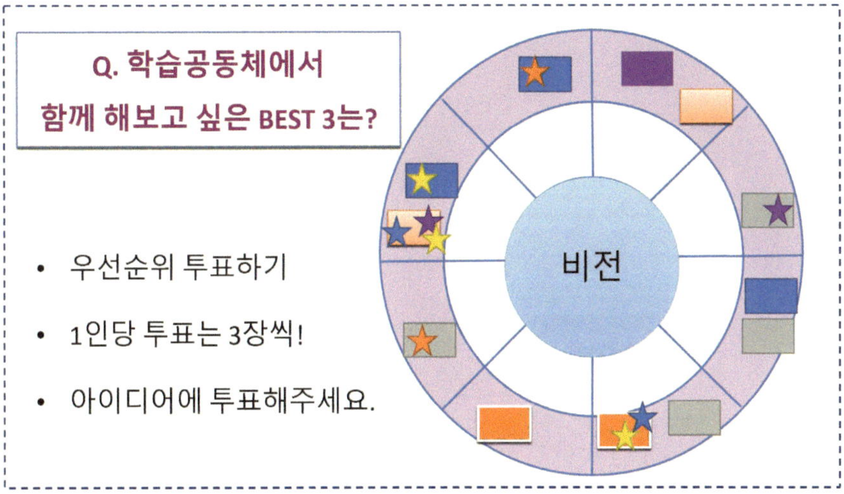

충분한 시간이 주어질 경우 투표방식으로 진행하지 않고 모둠원 간 대화와 타협으로 1개의 주제를 도출해낼 수 있다. 다만, 강력한 권위를 가진 사람이나 빅마우스가 우려될 경우 모둠원 대부분이 납득할 만한 합의를 이끌어내기 쉽지 않다. 학교별 여건이나 상황에 맞게 진행자가 융통성을 발휘하는 것이 필요하다.

교사에게 필요한 전문성 발산 예시

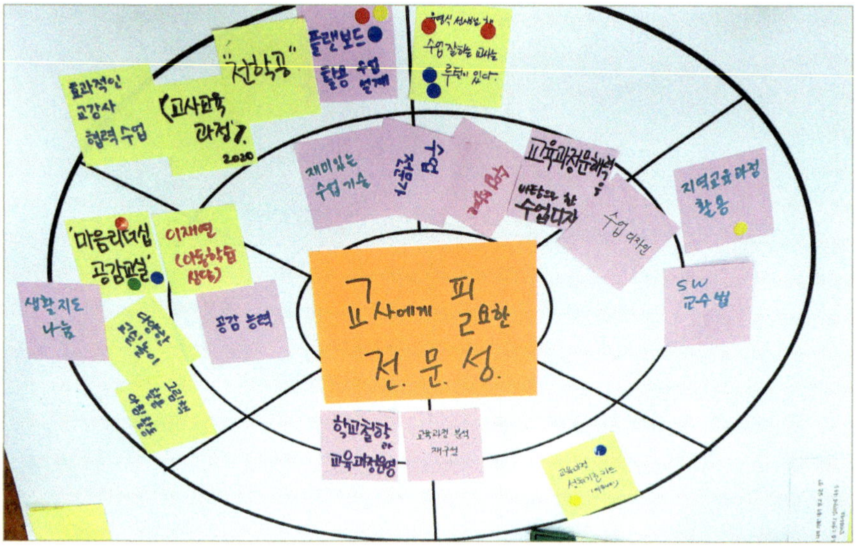

4. 1년의 실천 계획 수립하기

학교 전체나 학년, 교과별 학습공동체 주제를 정하는 것도 중요하지만, 선택한 아이디어를 함께 모여 구체화하는 작업도 중요하다. 학습공동체 운영 시 실천 계획을 함께 수립하지 않으면 자칫 개인에게 도움이 되지 않는다는 이유나 역할 분담이 불분명하여 참여율이 떨어질 수 있다.

Q. 학습공동체 1년의 목표와 목표 달성을 위한 구체적인 실천 방법은?

〈진행방법〉

① 선정된 주제에 대한 학습공동체의 1년 목표를 설정한다.
② 목표 달성을 위한 구체적인 연구, 실천 아이디어를 쏟아낸다. 이때, 모둠원 각자가 또는 서로 논의하면서 목표를 달성하기 위한 연구, 학습 아이디어를 최대한 많이 적어본다.

《Tip!!》 아이디어 발산은 서로 토의하지 않고 자유롭게 작성하고, 사소한 것이라도 최대한 많이 작성해서 붙인다. 모둠에서 의논해서 아이디어를 내게 되면 자기검열을 하게 되거나 그 과정에서 누군가의 의견은 누락될 수 있기 때문이다. 모든 아이디어를 발산한 뒤 나온 의견들을 선택, 결합, 수정하여 계획 수립하는 것을 추천한다.

③ 아이디어를 함께 검토하며 유목화, 월별 실행 순서를 정한다.
- 아이디어를 다 발산했으면 유목화하면서 학교나 학년, 교과 단위에서 실천 가능한 아이디어를 선정한다.
- 선정한 아이디어를 월별로 순서 정하여 나열한다.

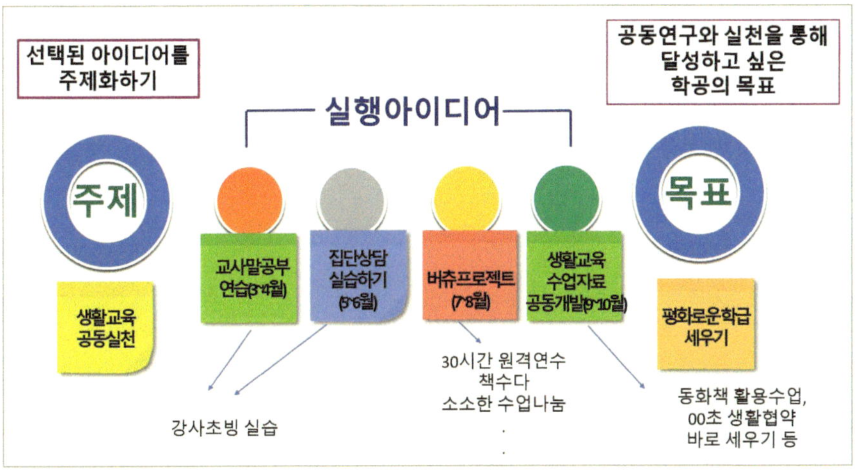

이 워크숍을 진행한 학교는 비인기 초등학교로 다수의 신규 교사들이 전입해 온 상황이다. 학습공동체 운영이 더 절실한 곳으로 판단되어 교육지원청의 요청으로 연초에 워크숍을 진행하게 되었다.

위에 제시된 일련의 과정을 통해 교사들은 학습공동체의 목표를 '평화로운 학급 세우기'로 설정하고 '생활교육 공동실천'이라는 주제로 아이디어를 구체화하였다. 전문적인 생활교육을 위해 학기 초에는 외부강사를 초빙하여 교사 말 공부 연습, 집단상담 실습하기를, 7~8월에는 버츄프로젝트[15]를 위한 원격연수, 주제와 관련한 책 수다, 수업 나눔 등의 계획을 수립하고, 생활교육 수업자료 공동개발, 동화책 활용 수업, 생활 협약 바로 세우기 등의 공동 실천을 계획하였다.

다음은 고등학교 운영 예시로 미디어 리터러시 교과 연계 수업을 위해 국어, 사회, 외국어 등 교과별로 수업 실행 내용을 설정하여 공동연구·공동실천하는 계획이다.

고등학교 운영 예시

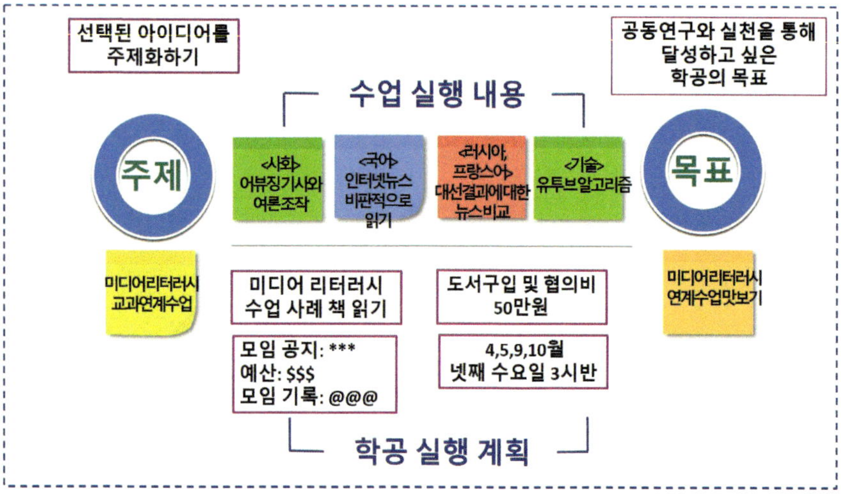

이 활동이 끝난 후 예산 및 업무 분담 내용을 포함하여 학교별 학습공동체 계획서 양식에 결정된 내용을 입력하여 완성하면 된다. 학습공동체 운영을 위한 계획서는 다음의 예를 참고해도 좋다.

15) 버츄(Virtue, 미덕)프로젝트는 아이들을 미숙한 존재가 아닌 완전한 존재로 가정하고 아이의 무의식에 숨어 있는 미덕을 깨우쳐 주는 활동

교사학습공동체 계획서 예시

1. 주제: 아동 발달 이해
2. 목표: 공감 능력 기르기 교육과정 운영
3. 모임 일정: 매월 2, 4주 수요일 15시
4. 중점 활동
   - 발달전문가 초청연수
   - 독서토론(전문가 초청연수를 통한 책선정)
   - 시범학교 사례 및 학교탐방
   - 교육과정 성취기준 추출 및 재구조화
   - 주제 중심 공동수업안 작성 실천 검토

순	시기	내용	소요예산
1	3.23.(수)	발달전문가 초청 연수(2시간)	310천원
2			

5. 실천 약속하기

마지막으로 학습공동체와 관련해 앞으로 1년 간 나의 실천을 구체적으로 생각해 보는 시간이 필요하다. 이때 '열심히 참여하겠습니다.' 또는 '최선을 다하겠습니다.' 등으로 표현하기 보다는 '학습공동체 있는 날에는 다른 복무를 내지 않고 학습공동체를 우선 순위에 두겠습니다.' 와 같이 학습공동체 참여 의지를 다지는 실천 약속이나 '학습공동체 시간 5분 전에 모여서 준비를 함께 하겠습니다.' 처럼 모임에 기여 하는 의지를 다지는 시간으로 구성하기를 권한다. 아울러 실천 다짐 시간을 되새길 수 있는 여건 마련을 위해 실천 약속과 함께 개인 서명도 하여 학습공동체실이나 학년 및 교과 연구실에 게시해도 좋다.

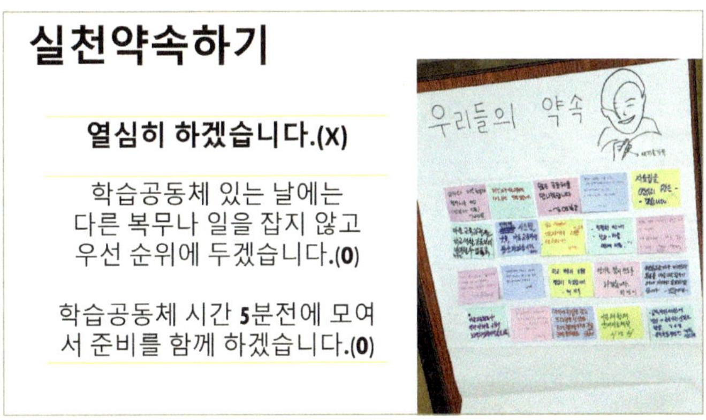

교사의 전문가적 자존심은 학력이나 학벌에서 나오는 것이 아니라 현장에서 축적한 경험, 반성과 자각, 새로운 시도 등에 의해 축적되며, 다른 교사들과의 교류를 통해 향상될 수 있다(오욱환, 2018). 교사학습공동체 계획 수립과정은 구성원의 상호작용을 통해 또 다른 누군가에게는 새로운 배움이 될 수 있으며, 새로운 시도를 할 수 있는 기회이기도 하다.

학습공동체 되돌아보기

성공적으로 교사학습공동체가 유지·발전되고 있는 학교에서는 교육활동 전반에 대한 모니터링 활동이 지속적으로 이루어지고 있으며, 학습공동체 실행 과정에서 문제점이 발견되면 그 문제를 확인하고 해결하는 노력을 함께 모색(이경호·정바울, 2023)하고 있다. 따라서 학습공동체가 잘 운영되기 위해서는 우리 학교의 학습공동체가 학습조직에 기반하고 있는지, 공동연구·공동실천하고 있는지, 여러 사람의 생각과 실천이 맞물려 협력적으로 운영되고 있는지 점검할 필요가 있다. 학습공동체 평가는 주제별 프로젝트를 완료했을 때, 학기말이나 학년말에 주로 실시하며 학교 규모에 따라 전체 또는 학년·교과별로 진행할 수 있다. 아래 제시된 내용은 예시이므로 학교 상황에 맞게 새롭게 구성하기를 권장한다.

학습공동체 평가 워크숍 디자인 1

활동 순서	활동 내용	준비물	활동 TIP
마음 열기	○ 학습공동체 목적 생각해 보기 예) 나눔, 성찰, 공유, 학습 등	낱말 카드 또는 멘티미터	*필요시 가치단어 유목화하기
학습공동체 진단하기	○ 학습공동체 개선방안 도출하기 - 브레인스토밍으로 아이디어 발산 ○ 우리 학교 학습공동체 되돌아보기 - '성과노력대비표'로 아이디어 점검하기 ○ 합리적인 개선안 도출하기 - 스티커로 투표하기(다중투표 또는 가중투표)	전지 또는 이젤 패드, 접착 메모지, 매직, 스티커	*스티커가 없을 경우 매직으로 별표 표시
성찰하기	○ 오늘 활동 성찰하기 - 배.느.실.(배운 점, 느낀 점, 실천할 점)	접착 메모지, 매직,	

학습공동체 평가 워크숍 실제 1

1. 마음열기

학습공동체 계획 수립 또는 계획 수립 이전에 개념에 대해 생각해 보는 시간을 갖기도 하지만 학습공동체의 개념이나 필요성은 방향성을 잃지 않도록 매 워크숍마다 생각해 보는 시간을 별도 제공하는 것이 좋다. 따라서 본격적인 평가를 진행하기 전에 학습공동체 운영 목적을 각자가 생각해 보는 시간을 제시하였다. 이때 가치단어가 표현된 낱말 카드를 사용해도 좋고, 가치단어를 유인물이나 PPT로 제공하여 생각을 끌어내는 데 도움을 줘도 되며, 개인이 자유롭게 작성해도 좋다. 필요할 경우 각자의 의견을 아래 제시된 그림처럼 유목화하여 학습공동체의 목적을 다시 한번 되새기는 것도 도움이 되며, 전체가 직관적으로 한눈에 보기 위한 방법으로 아이디어를 멘티미터에 입력하여 결과를 공유해도 좋다. 마음열기는 개인별 1~2분이 넘지 않도록 모둠별로 시간 관리자를 지정하는 것도 도움이 된다.

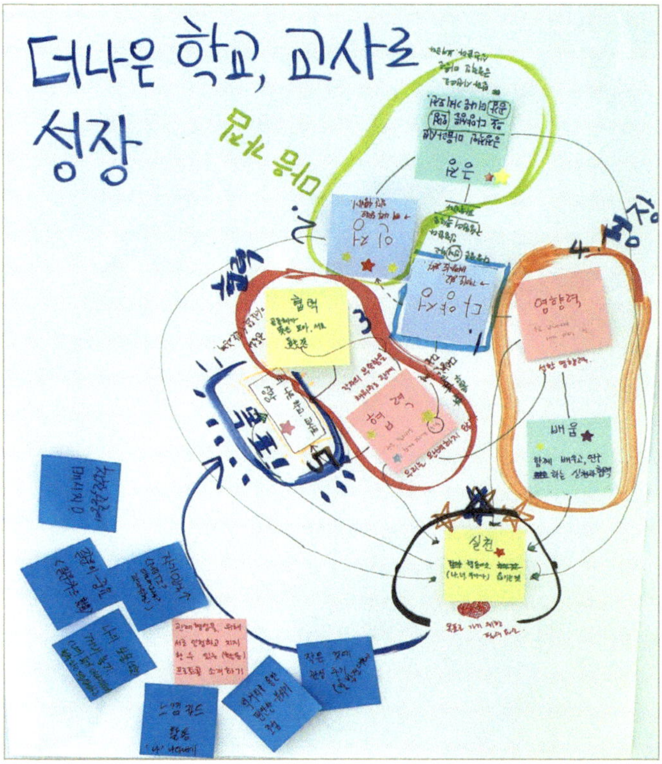

2. 학습공동체 진단하기

먼저 우리 학교 학습공동체 약점을 중심으로 개선할 수 있는 방안을 브레인스토밍하되, 「성과노력대비표」에 바로 배치하기 위해서는 1개의 접착 메모지에 1개의 아이디어를 작성하는 것이 좋다. 가령 1주일에 1번씩 모이기, 늦으면 벌금 내기, 회의 자료 미리 배포하기, 한 달에 한 번 힐링 연수하기 등 아이디어를 일일이 검열하지 않고 발산한다.

다음으로 전지 또는 이젤패드에 2×2 바둑판을 그리고 가로축은 노력, 세로축은 성과로 표시하되, 노력과 성과를 무엇으로 정할지 합의하는 과정이 중요하다. 예를 들면, 학습공동체 목표에 맞게 성과는 학생성장 또는 교사성장으로, 노력은 시간과 예산 등으로 표시할 수 있다. 성과와 노력이 정해지면 그 기준에 근거하여 구성원이 발산한 아이디어를 1~4분면에 배치한다. 이후에 투표 또는 구성원 간 합의를 통해 우리 학교 학습공동체 개선방안을 결정한다. 이때 경제적인 관점에서 노력도 많이 들고 성과가 낮은 4사분면의 아이디어는 버리는 것이 맞지만 교육활동은 경제적인 관점으로 결론 내리기 쉽지 않다. 가령 학생상담, 생활지도는 노력에 비해 눈에 보이는 성과가 낮지만 학교 교육에 있어 오히려 강조되어야 할 부분이다.

학습공동체 진단하고, 개선방안 도출하기

〈진행방법〉

① [진단-브레인스토밍] 우리 학교 학습공동체를 개선할 수 있는 방안을 발산한다.
② [개선방안 도출 - 성과노력대비표] 발산된 아이디어를 「성과노력대비표」에 배치한다.
- 전지 또는 이젤패드에 2×2 바둑판 그리기
- 가로축은 노력, 세로축은 성과로 표시하기
  · 「성과노력대비표」에서 '성과'와 '노력'이 무엇인지 정하기
    예) 성과: 성장과 휴식, 노력: 투입시간과 예산
- 성과와 노력 기준에 근거하여 발산된 아이디어를 구성원이 합의하면서 배치

③ 투표 또는 구성원 간 합의로 우리 학교 학습공동체 개선방안을 결정한다.

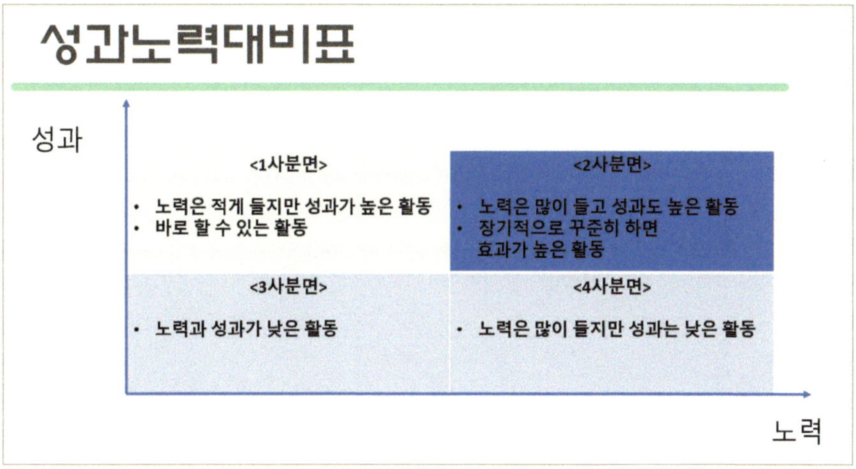

「성과노력대비표」 대신에 「가감창제」나 「3S 차트」 형식으로 진행해도 좋다. 「가감창제」는 2×2 바둑판을 그리고 바람직한 학습공동체 운영을 위해 각각의 칸에 가(더해야 할 것), 감(줄여야 할 것), 창(새롭게 해야 할 것), 제(없애야 할 것)을 작성하면서 학습공동체를 진단하고 해결방안을 도출해 보는 활동이다. 「3S 차트」는 아래 그림과 같이 유지할 것(Still), 멈출 것(Stop), 시작해야 할 것(Start)으로 표시하고 그 위에 아이디어를 배치하면서 성찰하는 방법이다.

가감창제

더 해야할 것	줄여야 할 것
새롭게 해야할 것	없애야 할 것

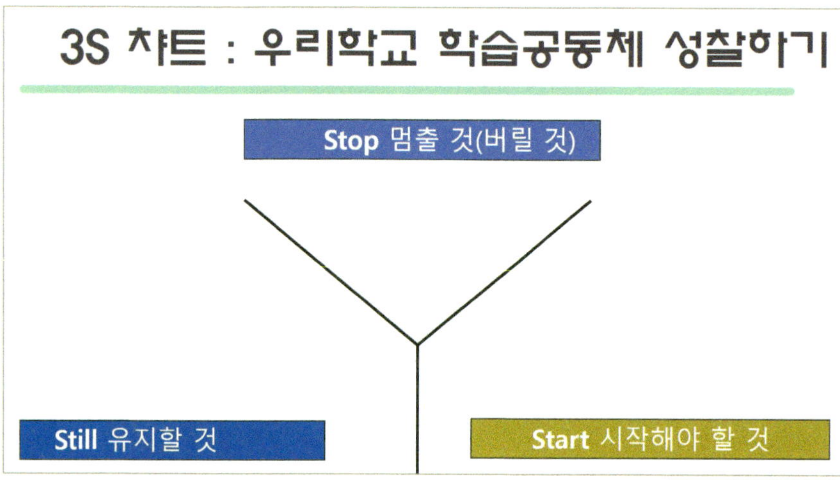

이 외에도 전지나 이젤 패드 가운데를 기준으로 위쪽은 계속 유지해야 할 활동, 아래쪽은 개선이 필요한 활동으로 나누어 각각의 아이디어를 배치하면서 학습공동체 활동을 진단하고 개선방안을 도출해 볼 수 있다.

지금까지 제시된 방법은 아이디어 배치 방법을 달리해서 학습공동체 평가를 했다면, 다음 학습공동체 평가 워크숍 디자인은 아이디어 발산에 중점을 둔 활동이다. 「역브레인스토밍」이나 「무작위단어법」 등은 진단보다는 개선방안 도출에 중점을 둘 때 활용하면 좋다.

학습공동체 평가 워크숍 디자인2 (마음열기, 성찰하기 활동 생략)

활동 순서	활동 내용	준비물	활동 TIP
학습공동체 개선방안 도출	◎ 학습공동체 바로 세우기 -「역브레인스토밍」 기법으로 발산하기 · 학습공동체 망치는 방법 · 학습공동체 바로 세우는 방법 ◎ 학습공동체 규칙 정하기 -「역브레인스토밍」 결과를 반영하여 10개 내외로 선정하기	전지 또는 이젤 패드, 매직	*학습공동체 규칙 개수는 실천가능한 범위만큼 합의하여 정하는 것이 좋다.

학습공동체 평가 워크숍 실제 2

마음열기나 성찰하기 활동은 앞에서 다양한 활동을 제시했으므로 생략하기로 한다. 지금 제시하는 활동은 학습공동체 운영 시 발생했던 문제점들을 되돌아보고 바람직한 학습공동체 운영을 위한 규칙을 정할 때 활용할 수 있다. 「역브레인스토밍」은 부정을 부정하는 방식으로 먼저 '학습공동체 망치는 방법'과 같이 회의 목적을 뒤집어서 질문한다. 뒤집은 질문에 맞게 브레인스토밍을 한 뒤에 나온 의견을 반대로 기술하여 '학습공동체 바로 세우는 방법'을 도출해 보는 방식이다. 가령, '학습공동체를 망치는 방법'으로 학습공동체 날짜에 조퇴하기, 전화 받는 척하면서 이탈하기, 휴대폰 만지면서 딴짓하기, 시간 맞춰 안 들어오기 등을 기술했다면, '학습공동체 바로 세우는 방법'은 학습공동체 날짜에 일정 잡지 않기, 불가피한 상황을 제외하고 끝까지 함께하기, 휴대폰 만지지 않기, 시간 약속 지키기 등 각각 뒤집어서 표현해 본다. 접착 메모지에 각각 작성하는 것보다 큰 종이나 이동식 칠판에 모둠원이 합의한 내용을 한 사람이 작성하는 것도 좋다. '학습공동체 바로 세우는 방법' 중 학습공동체 규칙으로 실천 가능한 범위만큼 개수(10개 내외)를 정하여 잘 보이는 곳에 게시하도록 한다.

학습공동체 망치는 방법

1. 학습공동체 날짜에 조퇴하기
2. 전화 받는 척하면서 이탈하기
3. 휴대폰 만지면서 딴짓하기
4. 시간 맞춰 안 들어오기

⋮

학습공동체 바로 세우는 방법

1. 학습공동체 날짜에 일정 잡지 않기
2. 불가피한 상황을 제외하고 끝까지 함께하기
3. 휴대폰 만지기 않기
4. 시간 약속 지키기

⋮

학습공동체 평가 워크숍 디자인3(마음열기, 성찰하기 활동 생략)

활동 순서	활동 내용
학습공동체 개선방안 도출	◦ 바람직한 학습공동체 운영하기 - '무작위 단어법'으로 발산하기 ① 일상생활에서 자주 접하는 단어 전지 중앙에 적기 예) 휴대폰 ② 그 단어와 관련해서 연상되는 단어를 주변에 모두 적기 ③ 접착 메모지에 이야기할 주제를 적고 전지 중앙에 있는 단어 위에 붙이기 예) 학습공동체 ④ ②번과 ③번을 연결하여 새로운 아이디어 만들기 예) 음악과 학습공동체를 연결하면 학습공동체 운영 시 편안한 음악 틀기 ◦ 학습공동체 개선방안 공유하기 - 모둠에서 작성한 내용을 다른 모둠과 공유하기

학습공동체 평가 워크숍 실제 3

「무작위단어법」은 주제와 전혀 상관없는, 우리가 생활에서 자주 접하는 단어와 이야기할 주제를 연결해서 새로운 아이디어를 창출하는 방법으로 「강제결합법」이라고도 부른다. 위에 제시된 내용처럼 '휴대폰'의 특징과 '학습공동체'를 강제 결합함으로써 바람직한 학습공동체 운영을 위한 아이디어를 도출할 수 있으며, 현재의 문제점을 개선하는 방법으로도 활용할 수 있다. 무작위단어법으로 도출된 아이디어 중 학습공동체 운영에 도움이 되는 내용을 추출하여 반영하면 된다.

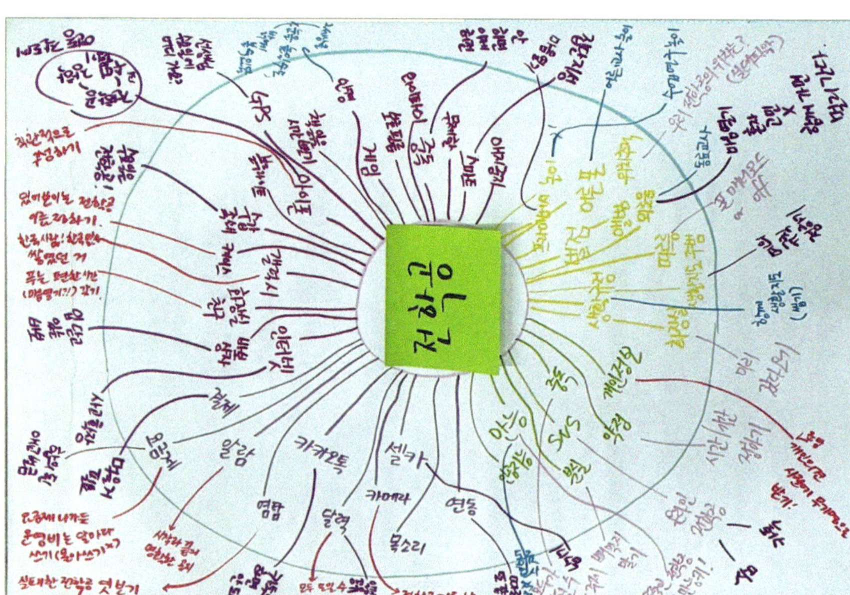

(예시) 휴대폰 → 학습공동체 강제 결합법 결과

- 휴대폰(중독) → 학습공동체(모두가 중독될 수 있는 주제)
- 휴대폰(개인정보) → 학습공동체(개인 의견 사전에 무기명으로 받기)
- 휴대폰(벨 소리) → 학습공동체(휴대폰 매너모드로 바꾸기)
- 휴대폰(GPS) → 학습공동체(선생님, 수요일에 어디 가요?)
- 휴대폰(요금제) → 학습공동체(운영비 몰아 쓰지 않고 월마다 쓰기)

마무리하며

나의 시도가 성공적이었는지는 확신할 수 없다. 하지만 이러한 과정을 겪으면서 적어도 여럿이 함께할 때 감정 충돌이나 감정의 골이 깊어지는 문제가 상당히 해소되었다. 물론 아직도 멀었다.

김민조 등(2016)에 의하면 학습공동체에 참여한 교사들은 반자발성, 반강제 또는 의무감으로 출발하였지만, 대체로 긍정적인 경험을 함으로써 교사학습공동체의 지속가능성과 학교문화의 변화 가능성에 대해 열린 입장과 태도를 지니게 되었다. 내가 속해있는 학습공동체가 늘 잘 굴러가는 것은 아니다. 공동의 목표를 가지고 모인 집단도 각자의 가치관을 지니고 있으며, 개인의 상황이나 여건에 따라 열린 사람이 되기도 하고 꽉 막힌 사람이 되기도 한다. 그렇지만 우리가 발견한 긍정적인 경험은 우리 모임과 같은 학습공동체가 지속가능하다는 믿음과 동시에 학교문화를 변화시킬 것이라는 기대감을 갖게 하였다.

지금 사람들 너나없이 살기 힘들다, 지쳤다, 고달프다,
심지어 화가 난다고까지 말을 한다
그렇지만 이 대목에서도 우리가 마땅히 기댈 말과
부탁할 마음은 '그럼에도 불구하고'
무엇보다도 소망의 끈을 놓치지 말아야 한다
기다림의 까치발을 내리지 말아야 한다

나태주 - 그럼에도 불구하고

지치고 힘들어서 포기하고 싶을 때에도 기다림이 필요하다.
그럼에도 불구하고.

참고문헌

고영미(2017). 자기 성찰과 공유를 통해 함께 성장해가는 학습공동체 활성화 방안 연구. 구성주의유아교육연구, 4(1), 67-84.

김동원(2022). 충북 전문적 학습공동체 운영 실태 및 지원방안. 충북교육정책연구소.

김민조, 이현명, 김종원(2016). 학교단위 교사학습공동체 형성 및 활성화를 위한 학교문화 측정요인 탐색. 교육문화연구, 22(6), 87-113.

서우철 (2014). 혁신학교와 전문적 학습공동체. 교육비평, 34, 223-242.

서경혜(2015). 교사학습공동체: 집단전문성 개발을 위한 한 접근. 서울: 학지사.

소경희(2022). 국가교육과정 문서에 함의된 교사 전문성 담론의 변화와 특징 고찰. 교육과정연구, 40(2), 73-99.

양성관, 정바울, 이경호 역(메릴린 캐천마이어&게일 몰러(2019)). 잠자는 거인을 깨워라. 에듀니티.

오욱환(2018), 교사 전문성. 교육과학사.

이경숙(2015). 교사학습공동체 활동을 통한 가정과 교사의 성찰적 실천에 대한 실행연구. 경상대학교 대학원 박사학위논문.

이경호, 정바울(2023). 교사학습공동체 10년, 성과와 과제. 한국교육개발원.

전승희(2019). 초등 수석교사의 퍼실리테이션 역량과 교사의 교직헌신, 교사학습공동체와의 구조적 관계. 신라대학교 일반대학원.

진영은, 함영기 (2009). 수업 전문성 재개념화 연구 동향 및 과제. 열린교육연구, 17(2), 47-71.

충북교육청(2013). 학교발전 자체진단 데이터 결과 분석. 충북교육연구정보원.

황유진(2017). 전문학습공동체 형성 정도가 교사의 긍정심리자본에 미치는 영향. 한국교원대학교 교육대학원.

4부

월별 교사 다모임, 이렇게 해보았어요

성애리 (초등교사)

혁신학교에서 혁신 부장을 하면서 학교의 민주적 문화는 뒷담화를 앞담화로 판을 바꾸는 것이 시작이라고 생각하게 되었으며, 올해는 학교에서 매월 교사 다모임을 고민하고 기획하고 실행하고 정리하며 성장하고 있습니다. 민주적 학교문화 연구팀 회장입니다. 이 따뜻한 학습공동체를 너무나도 사랑합니다. 그곳에 4년째 몸과 마음을 바쳐 충성하고 있습니다.

<주요경력>

· 청주교육대학교 학사 및 충남대학교 교육대학원 석사
· 교사 자발적 모임인 민주적 학교문화 연구팀 회장
· 학교 회의 디자인 기초·심화·전문가 과정 기획 및 강사 (충청북도 단재교육연수원)
· 다양한 학교와 도교육청·직속기관·교육지원청 등에서 마음을 나누고 생각을 모으는 워크숍 100회 이상 진행

관계중심 교사 다모임을 준비하며

뒷담화는 힘이 없다.

신규 발령이 나고 그 이후 한참 후까지도, '라떼'는 교무회의라는 게 원래 그렇게 하는 건 줄 알았다. 부장들이 업무 관련 지시사항을 돌아가면서 발표한 후 어떤 질문이나 토의 없이, 나 같은 저경력 뿐 아니라 부장 아닌 교사들은 말 한마디 할 기회도 없이 끝나는 것이 당연한 그림인 줄 알았다. 가끔 제안하고 싶은 사안이 있어서 용기를 내어 이야기를 시작하면 쓸데없이 회의 시간을 늘리는 공공의 적이 되기도 했다. 어차피 시간과 용기를 내서 말해봤자 달라지진 않을 것이고, 그러니 그저 정해진 대로 따라가지 않는 것엔 너무나도 큰 '미움받을 용기'가 필요했었다.

그러나 공식적 회의에서 한마디도 하지 않던 그들은 각자의 학년 연구실에 와서 비공식 진짜 회의를 시작하곤 했다. 크고 작은 투덜거림만 있는 것은 아니었다. 꽤 괜찮아 보이는 대안들도 많았지만, 그저 작은 동굴 속의 뒷담화였고 교무실까지 그 좋은 제안들이 전달되는 일은 거의 없었다. 그 웅성거림은 때론 답답한 마음을 일시적으로 시원하게 만들기도 했지만 결국 근본적으로 무언가를 바꾸기엔 힘이 없었다. 그 왕성한 뒷담화를 앞담화로 바꾸지 않으면 말이다.

학교 자치? 그거 어떻게 하는 건데

조금씩 작은 변화는 있었겠지만, 체감적으로는 어느 날 갑자기 학교 자치, 민주적 회의 진행, 토의와 토론 등의 단어들이 학교로 밀려 들어오기 시작했다. 반가웠지만 또

한편으로는 매우 당황스러웠다. 왜냐하면 낯설었기 때문이다. 마치 초중고 심지어 대학에서까지 내내 주입식, 일방적 강의식으로만 배웠는데 교사가 되니 학생중심 배움중심 수업을 해야 한다는데 배운 적이 있어야 써먹을 게 아닌가 하는 상황과 비슷했다. 얼마 전 부장교사 리더십 워크숍에서 만난 10~20 년차 교사들이 비슷한 어려움을 토로하는 것을 들은 적이 있다. 교무회의에서 교사들에게 아무리 의견내달라고 해도 먼저 선뜻 말을 꺼내지 않는다는 것이다. 그래서 리더로서 어떻게 회의를 진행해야 하는 지 배우고 싶어서 이 연수에 왔다고 했다. 아마 의견을 내면 "그럼 선생님이 해봐"라고 하실까 봐 그러는 거라고 농담반 진담반 얘기를 했더니 말 꺼낸 사람이 추진을 요구받는 문화 또한 인정했다. 학교 회의, 어떻게 해야 편한 소통의 장으로 만들 수 있을까?

이야기 밥상 만들기 : 어떤 이야기를 하고 싶을까?

최근에 주로 내가 의뢰 받아 기획하고 진행했던 워크숍은 여러 학교와 기관에서 다양한 직급들을 만나 관계 형성 프로그램과 동병상련을 가진 같은 사람들의 희노애락을 이야기판으로 만들어 진행하는 것이었다. 워크숍 요청이 들어오면 늘 같은 고민을 했다. 때로는 6개월차 신규교사들을, 3년차 저경력 교사들을, 10~20년차 부장교사들을, 마을활동가들을, 학교조리사들을, 장학사들을, 중등교감들을, 유치원 교사들을, 고등학교 교사들을 만나면서 그들은 어떤 이야기를 하고 싶을까? 어떤 이야기를 듣고 싶을까? 그 주제에 대한 고민이 회의디자인의 가장 정성을 들여야 하는 큰 몸체였다. 회의디자인은 이야기판을, 이야기 밥상을 잘 만드는 일이다. 어떻게 하면 그들이 편하고 솔직하게 이야기를 나누고, 나눈 이야기들이 사라지지 않고 실천과 발전의 방향으로 정착할 수 있는지를 고민하는 일이다. 여러 번의 이야기 밥상을 차리고 정리하면서 얻어진 결론은 그들의 고민에 딱 맞는 밥상이 차려지면 참가자들은 정말 서로 공감하고 공감받으며 서로의 이야기로 위로를 받고 다시 일상으로 돌아갈 힘을 얻는다는 것이다. 사람에게 받은 상처와 소진이 결국 사람에게 지지받고 치료받게 된다. 그게 환대하고 환대받는 대화의 힘이라는 것을 배우게 되었다.

다모임, 제가 진행해 보겠습니다.

학교회의디자인을 공부하고 다양한 주제로 워크숍을 기획하고 진행도 해보고 나서도, 본인의 학교에서는 정작 실천하기가 쉽지 않다. 새로운 수업 방법이나 생활지도는 내가 먼저 교실에서 실천하면서 성공적이었던 내용들을 주변에 제안하는 방식이 가능하지만, 학교 회의는 모두에게 제안하고 모두와 실천해 나가는 과정이 필요하기 때문이다. 다양한 경력과 그만큼의 다른 교육적 경험과 그로 인해 만들어진 다른 생각들로 인해 교사 다모임의 삐그덕한 시작은 늘 예상해 두어야 했다. 더군다나 앞서 언급한 것처럼 같은 학교 교사모임에서 환대받고 위로받고 또는 중요한 결정을 토의를 통해 얻은 성공적 경험이 없는 상태에서 바쁜 일상의 시간을 내어야 하는 다모임의 필요성에 대한 믿음이 쉽사리 생기지 않을 것이다. 그런 의미에서 교사 다모임을 꾸준히 실천하고 있던 학교에 근무하게 되었을 때 겁도 없이 아님 어쩌면 조금은 설레는 마음으로 다모임 업무를 하고 싶다고 먼저 자원하게 되었다

일벗: 시작은 관계 중심 다모임으로

최근 학교에는 민원의 양이 눈에 띄게 많아졌다는 걸 느낄 수가 있었다. 교무실 전화는 다양한 내용의 악성 민원이 끊이질 않았고, 담임들에게는 교육과정 연구보다 아이들 사이의 크고 작은 다툼을 듣고 처리하는데 더 큰 에너지를 쓰는 하루하루가 많아졌다. 그만큼 교사들은 더 힘들어졌고 또 외로워 보였다. 다들 나 홀로 섬에서 혼자 힘겹게 버티고 있었다.

일벗은 국어사전에 '같은 곳에서 함께 일하는 벗'이라고 정의된다. 같은 곳에서 같은 일을 하고 있지만, 서로의 고민에 관해 도움을 요청하지도 나누지도 못하는 사이에 마음의 병이 생기는 건 어쩌면 너무나도 당연한 결과다. 일벗으로서 평상시 나누는 일상대화가 자연스럽게 잘 이루어지면 문제해결을 함께 다루는 것 역시 당연히 더 쉬워질 것이다.

교육과정 학습공동체는 학년별 모임에 맡기고, 전체 다모임에서는 우리의 마음을 들여다보면서 시기에 맞는 '이야기 밥상'을 준비하기로 했다. 올해 우리 학교의 다모임 주제의 큰 줄기는 '관계 중심'으로 정했다. 여기 우리 안에서 위로받고 우리 안에서 힘을 얻어가길 바라는 마음이었다. 이 주제로 실천했던 2월부터 7월까지 실행할 수 있는 구체적인 예시를 제시하고자 한다. 당연한 얘기지만 매 달의 주제는 미리 정해진 고정적인 주제는 없다. 월별 주제를 미리 정할 필요도 없고 그래서도 안된다. 학교마다 그때마다 함께 논의해야 할 주요 이슈가 있을 뿐 아니라 '관계 중심'이 큰 주제라 해도 시기마다 구성원들이 이야기하고픈 주제가 다를 것이다.

진행 과정을 최대한 쉽고 구체적으로 설명하고자 했다. 바로 사용해보셨으면 하는 마음을 마구 담았다. 일단 시작해 보면 그 다음 길이 보이고 또 모퉁이에서 다음 길을 만난다. 나도 그랬다. 처음부터 대단한 계획을 세우고 시작한 건 아니었는데, 마음과 생각을 집중한 곳에 길의 실마리가 나타나곤 했다.

2월은 이해와 환대의 물꼬 트기

나의 환대의 경험 그리고 그 대갚음

1996년 3월 2일. 내가 학교에 첫 발령을 받고 첫 출근을 했던 날이다. 워크숍에서 만난 선생님들께 첫 출근을 했던 그 날이 기억나냐고 질문해보면 대부분 너무 긴장해서 기억이 나지 않지만 몇 가지 장면을 떠올리며 이야기를 한다. 나는 정확하게 '케이크'이미지가 떠오른다. 25학급의 크지도 작지도 않은 학교에 11명의 많은 신규 발령은 흔하지 않은 일이었다. 첫 날, 너무나도 떨리는 마음으로 교무실 문을 열었을 때 교무실 한 가운데 '케이크'가 있었고 여러 명의 선배 선생님들이 우리 11명의 시작을 박수로 맞아주었다. 환대 받고 있다는 느낌만으로도 긴장이 조금 풀리는 기분이었다. 물론 그 이후에도 신규들에 대한 배려가 가득했던 크고 작은 기억들이 많다. 지금 생각해보면 신규들이 많아 여러 가지 불편함이 있으셨을텐데 말이다.

발령 20주년이 다가오던 어느 날, 발령 동기들과 이벤트를 고민하다가 누군가 문득 그때 선배님들이 참 감사했고 보고 싶다는 이야기를 했다. "그때 그 분들에게 저녁 식사 대접하고 싶다"라는 구체적인 제안이 나오면서 추진력이 강했던 친구가 교육청 자체 메신저를 통해 한분 한분 연락해서 우리는 '응답하라 1996-1997'이라는 제목으로 선생님들을 초대하여 행사를 하게 되었다.

20대였던 우리가 40대가 되었고, 선배님들도 그만큼 많은 변화가 있으셨지만, 우린 다시 그 시절로 돌아간 기분이었다. 첫 학교에서 신규들이 잘 적응할 수 있도록 늘 친절하셨던 선배님들께 그 감사함을 다 전할 수는 없지만, 우리를 환대해주셨던 분들에게 우리의 진심을 전하려 노력했던, 너무나도 뿌듯한 시간이었다. 대부분의 신규들이나 전입교사들이 이런 환대를 경험하는 일이 흔하지 않아, 강의에서 만난 분들에게 이 이야기를 하면 놀라기도 하고 부러워하기도 한다.

2월, 그 두려운 시작

30년 경력이 넘은 교사가 이런 이야기를 하는 걸 들은 적이 있다. 새 학교에 가면 늘 신규가 되는 기분이라고. 모든 게 낯설고 새로운 곳에서 하나부터 열까지 시행착오를 겪고 몸으로 부딪치며 알아 가야하고, 제대로 적응하는데 6개월 내지 1년이 걸린다고 말이다. 큰 학교에서는 다른 학년의 선생님들과는 대화를 나눠 볼 기회가 거의 없고, 코로나19가 유행하던 시기에는 교직원 중 반은 이름도 외우지 못하고 심지어 얼굴 한번 제대로 보지 못한 채 학년을 마무리한 적도 있었다. 1년이 지나도 일터가 낯설다는 건 편하지 않다는 것과 같은 의미였다. 그래서 또 다른 시작을 준비하는 2월은 새 학교이든 기존 학교이든 누구에게나 설렘보다는 두려움이 앞서기 마련이다. 2월 새 학년 준비 워크숍 첫 만남은 어색함을 줄이고, 새로운 일터와 새로운 동료들과 조금이라도 편안한 시작을 여는 데 도움이 될 프로그램을 고민하게 되었다.

새 학년 관계 맺기는 모둠활동, 전체활동 이렇게 크게 두 가지로 나눠서 기획했다. 모둠활동을 먼저 하는 이유는 어색하고 불편한 상황에서 전체활동을 하는 것이 더 부담스러운 경우가 많기 때문이다. 먼저 짝활동-모둠활동-전체활동으로 폭을 점진적으로 넓혀 가는 것이 낯설고 부담스러운 마음의 안정에 도움이 된다. 앞서 Ⅰ장에서 소개했듯 다양한 활동이 있지만, 영역 당 두세 가지, 전체 네다섯 가지 정도의 활동이면 적당하다.

이해와 환대의 물꼬 트기

2월 이해와 환대의 물꼬 트기			
소요시간	2시간	자리배치	새로 만난 동학년 모둠
목표	서로의 이야기를 자연스럽게 나누며 친해지고, 어색함을 줄여보자		

활동 분류	내용	준비물
사전활동	○ 첫 만남 환대하기 그리고 환대의 경험 나누기	음악
모둠별 마음열기 (20분)	○ 명함 만들기	A4, 매직
모둠별 친해지기 (20분)	○ 우리 이름으로 단어 만들기 ○ 자기 소개 네트워크	A4 전지, 매직
쉬는 시간 (15분)		음악
전체 친해지기 (30분)	○ 명함 돌리기 ○ 스타와 팬	펜
성찰하기(10분)	○ 모둠별 소감 나누기	

2월 새 학년 워크숍은 3일 동안 진행되었는데 이 프로그램은 그 첫날 오전 2시간으로 계획했다. 9시에 다 같이 모여 간단한 인사들을 나눈 후 10시부터 12시까지 2시간의 프로그램으로, 모둠활동, 전체활동은 각 1시간씩 배분했다.

1. 시작 전 활동

앞에서 장미꽃이나 케이크 등을 활용한 환대이벤트를 설명하였는데 매년 해오다가 올해 준비를 못 해서 아쉬웠다. 그래도 기존에 계시던 선생님들의 반가운 표정과 박수로 최선을 다해 환대의 마음을 전했다. 그리고 마음 열기 시작 전에 나의 신규 발령 환대 경험을 이야기하며 우리는 오늘 온 마음으로 새로 오신 분들을 환대할 마음의 준비가 되어있으니 마음을 열고 오전 활동을 통해 조금이나마 어색한 시간이 줄었으면 좋겠다고 전했다.

2. 모둠별 마음 열기

모둠별 활동은 새로운 동학년과의 어색함을 조금 줄여보고 서로 이해할 수 있는 이야기판을 만드는 것이 목적이므로 먼저 다양한 주제로 자기 소개를 해 보려고 했다. 명함 만들기는 앞서 Ⅰ장에서 소개한 '삼각텐트'를 이용하거나 A4지 한 장에 쓰기도 한다.

이야기를 시작하기 전 한명당 발표 시간을 정해주는 것이 좋다. 그리고 경청과 적극적 반응에 대한 당부와 전체가 끝났다는 신호도 알려주는 것이 좋다. 한명 한명 끝날 때마다 작은 박수를, 모두 끝난 후에는 큰 박수로 신호를 달라고 했다. 또한 누가 먼저 시작해야 하는지도 정해주는 것이 좋은데 위의 질문에 '오늘 나의 에너지 지수'를 이용해서 "지금 에너지가 많이 떨어져 힘드신 분들에 대한 배려로, 에너지 지수가 높은 분들부터 시작할게요"라고 했다. 사소한 문제에 우왕좌왕하며 당황하지 않고 중요한 주제에 잘 집중할 수 있도록 작은 것부터 세심하게 미리 정해주는 것이 퍼실리테이터의 역할이기도 하다.

명함 만들기

- 상황에 맞는 질문의 주제를 만드는 것도 많은 고민이 필요하다. 처음 만난 사람과 이야기하기에 적당한 깊이를 찾아야 한다. 너무 깊으면 답하기 어렵고, 얕은 질문만으로는 이해의 폭을 넓히기 쉽지 않다.

① 내 이름과 담긴 의미: 이름에 담긴 의미도 참 다양했다. 한자의 단순 해석부터 부모님의 실수로 바뀐 이름, 작명소에서 넣어준 의미, 그리고 이름에 대한 다양한 에피소드 등을 이야기하고 나니 이 하나의 이야기만으로도 서로를 의미 있게 기억하게 된다.

② 오늘의 에너지 지수: 이 질문은 어떤 워크숍이든 꼭 시작 부분에 넣게 된다. 워크숍을 시작하는 지금 이 시간의 서로의 상태와 그 이유를 나누는 것은 이해로부터 출발할 수 있어서 서로 안심이 되게 만드는 질문이다. "새로운 학교로의 첫 이동이라 어젯밤에 생각이 많아서 잠을 못 잤어요. 피곤해서 중간에 졸더라도 이해해 주세요"라는 귀여운 답변을 들으니 다들 웃으며 고개를 끄덕이게 되었다.

③ 관심사나 여행지: 이 질문들은 대답을 준비하는 것부터 즐거워진다. 이 이야기를 할 때 행복한 표정으로 변하는 모습을 서로 지켜보는 것으로도 분위기가 따뜻해진다.

④ 교사의 시작점: 교사가 된 동기도 매우 다양하고 또 비슷하기도 하다. 각자 그 시작점을 돌아보고 공유하는 것도 편안한 이해의 출발점이 되었다.

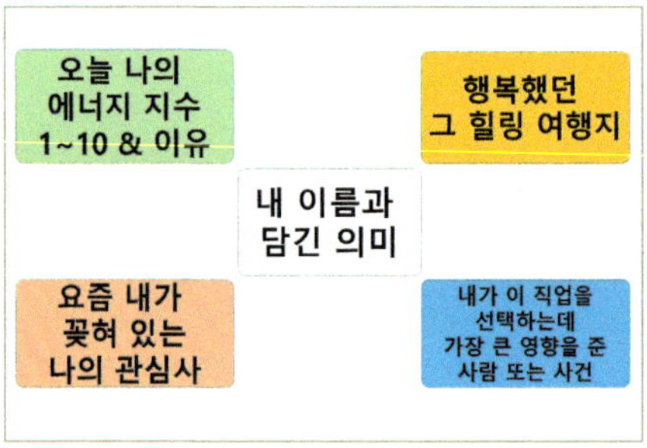

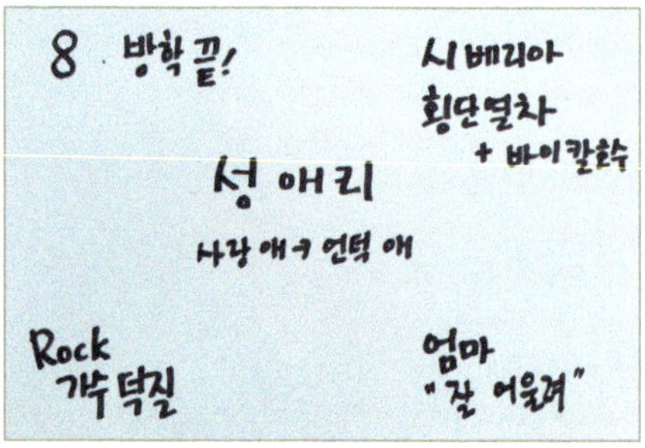

3. 모둠과 친해지기

<우리 이름으로 단어 만들기>

첫 번째 활동이 끝나고 나니 워크숍 공간의 공기가 달라졌다. 표정이 훨씬 부드러워지고 모둠 안 서로의 얼굴이 익숙해짐을 느끼게 된다.

이 활동의 목적은 모둠 대항 놀이를 통해 구성원의 결속력을 다져보는 것이다. 더불어 서로 이름을 외우는 것이 관계의 시작이니 재미있는 놀이로 해 보았다.

우리 이름으로 단어 만들기

- 모둠별로 A4용지를 4번 접어 첫 칸에 모둠 사람들의 이름을 다 써 넣는다.
- 이름을 조합하여 한 글자, 두 글자, 세 글자 이상의 명사를 만드는 놀이이다.
- 시간은 3~5분 정도가 적당하며 주어진 시간이 끝나면 글자 수를 세어 많은 글자 수를 쓴 모둠이 이기는 놀이이다.
- 1등을 한 모둠원 한명 한명의 이름을 모두가 크게 3번씩 부르며 박수를 치고 환대하는 것으로 유쾌하게 끝났다.
- 모둠의 이름 수가 공평해야 한다. 인원 수가 차이가 날 경우 사회자의 이름이나 관리자의 이름을 추가해서 써 넣도록 하면 좋다.

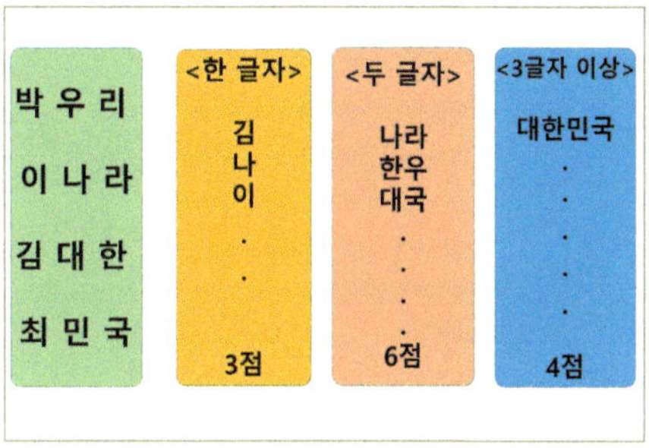

<자기소개 네트워크>

첫 번째 활동이 서로 각자의 이야기를 할 수 있는 판을 만들었다면 이번에는 I 장에서 다루었던 [자기소개 네트워크]를 활용해서 서로의 공통점을 찾아가는 활동을 했다. 서로 같은 취향 등을 찾아가는 과정에서 괜한 동지애가 느껴지기도 하고 좀 더 깊은 친근감이 생기기도 한다. 고향이나 음악취향 또는 MBTI 등을 이야기하며, 처음의 어색함이 점점 사라지고 큰 웃음소리가 들리기 시작했다. 끝나고 나서 각 학년별 공통점 3가지씩 발표를 했고 우리 학년 모두가 가진 공통점을 이야기하는 것으로 첫 날의 유대감을 느끼기엔 충분했다.

4. 전체와 친해지기

<명함 돌리기>

모둠별로 서로 편해지면서 안정된 분위기가 형성되었다면, 이제 시선을 전체로 돌려 얼굴을 익히는 기회를 만든다. 이미 만들었던 명함에는 5가지의 자기소개 내용이 있다. 아래 순서에 따라 다른 모둠 구성원을 만나 하나씩 이야기를 나눌 수 있는 기회를 만들었다.

명함 돌리기

- 이미 만들었던 명함을 가지고 모두 일어난다.
- 다른 모둠 사람을 일대일로 만나 가위바위보를 한다.
- 이긴 사람은 진 사람 명함에서 듣고 싶은 답을 하나 고른다.
- 진 사람은 그 질문에 대한 설명을 한다.
- 이긴 사람은 잘 들은 후 진 사람 명함의 그 질문 옆에 이름을 써 준다.
- 또 다른 사람을 만나러 간다.
- 5개의 이야기에 각각 사인을 받으면 자리에 앉는다.

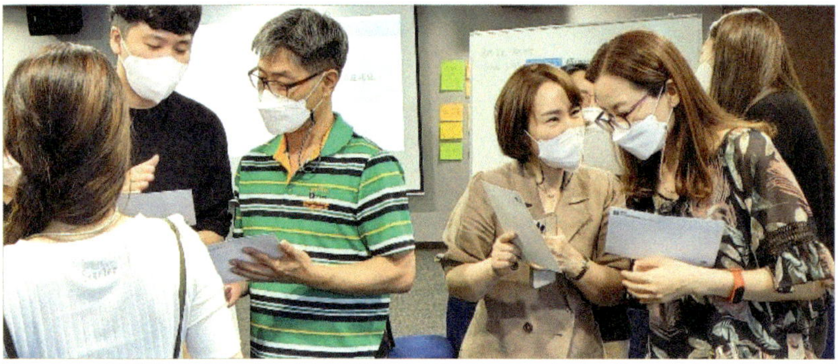

<스타와 팬클럽>

마지막 활동 역시 I 장에서 다루었던 [스타와 팬클럽]를 활용했다. 처음 어색하고 조용하기만 했던 분위기가 명함 돌리기부터 시끌벅적해지다가 이 활동에서 그 열기가 정점을 찍었다. 모두 같이 한 목소리를 내는 것 또한 유대감을 느끼는 분위기가 만들어지기에 충분했다. 더군다나 그것이 우리 학교 선생님 이름이라니. 쑥스러워할 줄 알았던 주인공조차 자기 이름을 더 신나게 외치면서 끝났다.

다모임-배려와 이해를 확장 시키는 마음나눔의 시간

학교를 처음 옮겼던 어느 첫 날의 당황스러운 마음을 기억하는 것은 어렵지 않은 일이다. 그 어려운 시간의 변화를 어떻게 만들 수 있을까 고민하였고, 그 시작은 배려하는 마음을 바탕으로 한, 환대의 시간을 가져야 한다고 생각했다.

긴장하지 않은 척 하며 2시간을 진행했는데, 역시 그 시간을 온전히 적극적으로 즐겨주고 어색함은커녕 왁자지껄한 분위기로 끝나니 참 감사한 마음이 들었다. 일 년의 시작이 참 좋다고 생각했다.

마음 열기 활동은 단순히 레크레이션이 아니라 서로에 대한 이해를 확장 시킬 수 있는 활동이고, 일회성으로 끝나지 않고 그 확장선이 바로 매월 진행하는 다모임 이라고 생각했다.

다모임의 시작은 짧은 마음 열기로 시작해서 분위기가 말랑말랑하게 만들어지면 중심주제에서 좀 더 솔직하고 자유로운 대화가 이루어질 것이라고 본다.

2월 새 학년 워크숍을 이러한 이야기로 마무리를 한 것은 앞으로의 월별 다모임의 의미와 내용에 대한 예고편인 셈이었다.

선생님 어떠셨어요?

- 자연스럽게 서로 얼굴을 익히고 인사할 수 있어서 좋았어요.
- 새 학년 선생님들과 어색함을 깨고, 개인적인 이야기를 하면서 자연스럽게 친해져서 좋았어요.
- 낯선 환경에 적응할 수 있도록 만남의 장이 된 것 같아서 좋았습니다.
- 첫 만남에서 했던 활동을 3월 첫날 아이들과도 해 보니 좋았습니다.

3월에만 잘 보인다는 그것!

이 학교 왜 이래?

제목이 다소 과격하지만 사실 많은 교사들이 학교를 옮기고 나면 정말 많이 하는 말이기도 하다. 학교마다 시스템이 조금씩 비슷하고 조금씩 다르다. 그 작은 차이는 사소하지만, 불편은 의외로 크게 느껴지는 일도 많다. 또한, 새로운 학교에 대한 객관적인 시선은 유효기간이 짧다. 3월 초에 우후죽순 생기던 불만은 어느새 적응하게 되기 마련이라 바쁜 생활 속에 묻히며 잊혀지게 된다. 그래서 오히려 이 불편하지만 새로운 시선의 타이밍을 놓치고 싶지 않았다.

3월에만 잘 보인다는 그것!

소요시간	2시간	자리배치	동학년 모둠
목표	우리 학교의 좋은 점과 아쉬운 점을 공유하고 함께 개선안 찾아보기		

활동 분류	내용	준비물
모둠별 마음열기(15분)	○ 최근에 학교에서 느낀 감정 3가지 나누기	감정카드
모둠별 주제 나누기(35분)	○ 우리 학교의 좋은 점과 아쉬운 점	접착 메모지, 매직
전체 주제 나누기(20분)	○ 가장 시급하게 해결해야 할 점	
성찰하기(10분)	○ 소감 나누기	

1. 마음열기

<감정카드로 마음 나누기>

3월의 마음 열기는 감정 카드를 사용해서 지난 3주간의 이야기를 나누는 것으로 시작했다. 최근에 학교에서 느낀 감정과 가깝다고 생각하는 카드 3장을 각자 고른다. 되도록 긍정과 부정이 모두 있으면 좋겠으나 모두의 감정 상태가 다를 수 있으니 강요하지는 않는다.

모둠별로 한 명씩 돌아가며 3~5분 정도 그 감정을 느낀 상황에 대해 자세히 설명을 하였다. 이야기가 다 끝난 모둠은 카드를 정리해달라고 미리 알려두면 진행자의 전체 상황에 대한 파악이 더 쉽다.

3월의 교사들의 마음은 매우 복잡했다. 가정으로부터 보살핌을 못 받은 아이가 안타깝기도 하고, 바쁘고 힘든 상황에 해야 할 일이 너무 많아서 우울하기도 하고, 마음이 맞는 동학년을 만나 편안함을 느끼기도 했다. 때로는 서로의 감정을 알아주는 것만으로도 문제가 해결된다. 문제해결 못지않게 서로의 감정을 알아차리고 돌보는 일이 중요하다. 감정 카드를 고르는 것은 자신의 마음을 더 구체적으로 설명하는 데 큰 도움을 준다. 시중에 정말 예쁘고 다양한 감정 카드가 있다. 카드를 들여다보며 나의 상황에 맞는 감정 카드를 고르는 자체만으로도 나에게 집중하는 좋은 시간이 된다. 그런 시간을 선물해주고 싶었다. 자신의 감정을 집중해서 들여다보는 시간 그리고 동료의 알아차림을 통한 공감 그리고 치유의 시간을 말이다.

2. 중심 주제

<우리 학교의 좋은 점과 아쉬운 점>

3월의 중심 주제는 '3월에만 보인다는 그것! (부제:이 학교 왜 이래?)'이었다. 첫 3주 동안 느낀 우리 학교의 좋은 점과 아쉽고 불편해서 수정했으면 하는 것을 각각 한 개 이상 접착 메모지에 써 본 후 모둠별로 이야기를 나누었다.

모둠 안에서 먼저 좋았던 점을 순서대로 이야기한 후 아쉬운 점을 나누었다.

아쉬운 점에서 가장 시급하게 해결점을 함께 찾고 싶은 문제를 모둠별로 한 두 개씩 정한 후 큰 접착 메모지에 옮겨 적었다. 각 학년에서 적은 시급한 문제를 모두와 공유하였다.

우리 학교의 좋은 점으로는 협력적인 학교 분위기와 학년의 자율성이 좋다는 이야기가 모든 학년에서 나왔다. 그동안 혁신학교에서 노력하고자 한 내용이 좋은 결과로 보여서 좋았다.

불편하고 아쉬운 점의 공통사항은 예상외로 매우 소소한 것이었으나 예상대로 너무나도 불편한 상황을 만들고 있었다. 쓰레기 분리수거장의 개방시간이 수업 끝나는 시간과 맞지 않아 놓치는 경우가 많다는 의견인데, 그동안 정말 많이 불편 했을텐데도 이 제안이 3주가 지나서야 이야기판의 공감대가 된 것이다. 그 외에도 큰 불편 사항들은 함께 해결점을 찾는 이야기판으로 이어졌다.

중심 주제 : 우리 학교의 좋은 점과 아쉬운 점

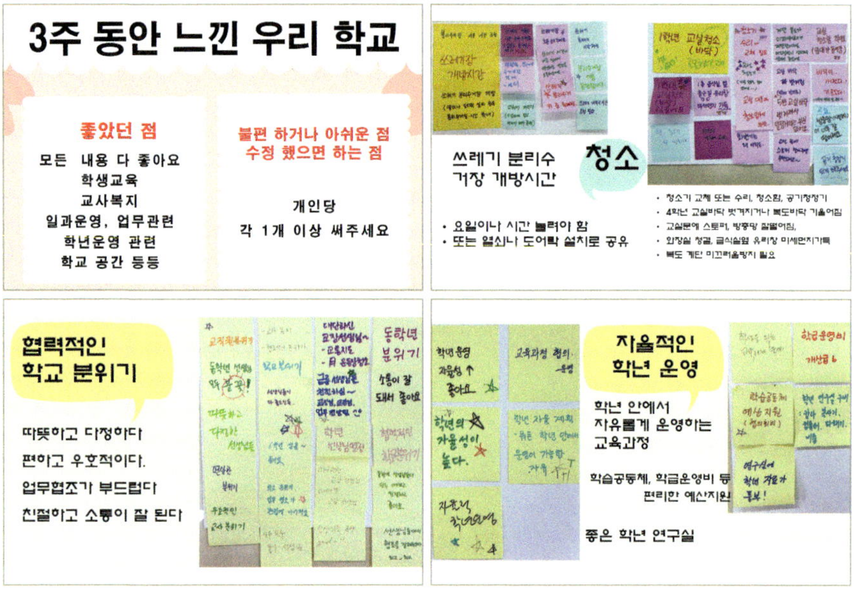

그리고 그 후

다모임이 끝난 후 학년별 접착 메모지에 쓰여진 사항들을 유목화해서 정리했다. 어떤 사항은 그 자리에서 해결방안을 같이 찾아보기도 했지만 일단 오늘은 다 같이 다양한 문제점을 공유하는 것으로 정리했다. 남은 것들은 차근차근 해결 방법을 모색해야 했는데 해결의 열쇠를 가진 대상이 달랐다. 그 중 시설적인 문제들은 관리자와 행정실에서 하나하나 직접 살펴보면서 바로 해결해 주었다. 모여서 이야기를 나누는 것에서 끝나지 않고 적극적으로 개선해 나가는 과정에서 학교와 관리자에 대한 신뢰도가 높아졌다.

선생님 어떠셨어요?

- 3월에 꼭 필요하고 의미 있는 활동이었어요. 함께 생각이나 의견을 드러내어 개선점을 함께 찾아볼 수 있어서 좋았습니다.
- 우리 학교의 좋은 점과 아쉬운 점에 대해 다양한 의견을 듣고 함께 공유하고 해결 방향을 찾아가는 것이 좋았습니다.
- 새로 전입하신 선생님들의 이야기를 듣고 학교의 모습을 조금 더 객관적으로 볼 수 있어서 좋았습니다.
- 3월 활동 후 아쉬웠던 점이 개선되는 것을 보고 감동을 받았어요.

작은 팁- 접착 메모지는 왜 쓰나요?

접착 메모지를 쓰면 좋은 점?

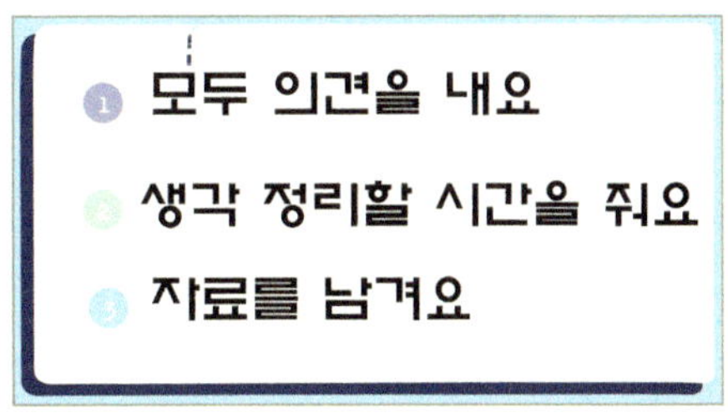

보통의 회의에서 의견을 물으면 적극적인 소수의 의견만 듣고 결정하는 경우가 있다. 침묵하는 소수는 동의할 수도, 아닐 수도 있는데 말이다. 의견을 함께 나누기 전에 자신의 생각을 정리할 시간이 필요하다. 그러고 나면 또 다른 사람의 의견을 들을 생각의 여유도 생긴다. 되도록 '모두' 의견을 내는 원칙이 매우 중요하다.

<명목집단법>
집단의사결정에서, 구성원 간에 의도적으로 토론이나 의사소통을 하지 못하게 하여 각 구성원들이 서로 영향을 받지 않은 상태에서 진실로 마음속에 생각하는 바를 제시하게 하는 방법

(네이버 국어사전 참고)

접착 메모지의 사용방법은?

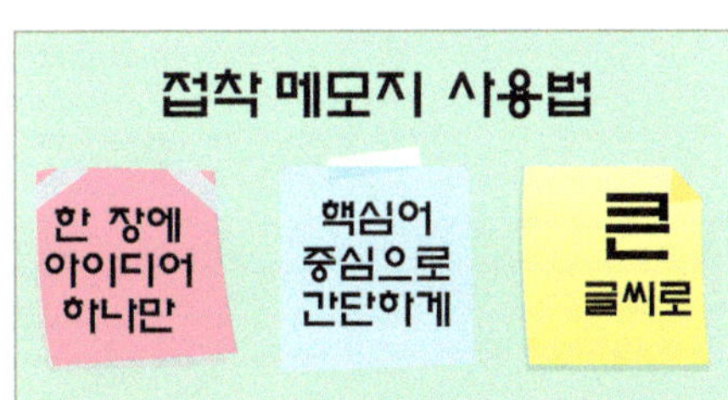

접착 메모지의 목적은 모두에게 의견의 핵심이 잘 보여야 한다는 것이다.

1. 한 장에 하나의 아이디어
유목화할 때 하나씩 옮길 수 있도록 한 장에 한 가지 아이디어만 쓴다.

2. 핵심어 중심으로 간단하게
자세히 길게 쓰는 것보다는 한눈에 파악하기 쉽게 핵심 단어나 간단한 문장으로만 쓴다.

3. 큰 글씨로
여럿에게 보이기 위해 접착 메모지를 쓰는 경우가 많으니 큰 글씨로 굵게 쓰는 게 좋기 때문에 모둠 필기도구로 두꺼운 매직 세트를 준비한다.

4월 같은 고민을 한데 모아서

같은 고민을 하고 있었네 : 집단지성의 힘

3월 다모임 결과를 정리하면서 우리 학교 교사들의 현재 가장 큰 고민거리는 생활지도라는 것을 알 수 있었다. 4월 다모임의 큰 주제를 생활지도로 정한 후 현재 우리 학교 생활지도의 구체적인 고민거리를 멘티미터를 통해 설문을 받아 유목화하여 정리했다. 그리고 6가지의 주제로 나눠서 6개의 모둠으로 월드카페 형식으로 진행하고자 했다. 주제를 정할 때는 현재 우리 구성원들의 고민들을 모아서 해야 한다. 다수에게 공감이 가는 주제 그리고 상황에 맞는 질문이 너무나도 중요하다.

4월 같은 고민을 하고 있었네

소요시간	2시간	자리배치	주제별 월드카페
목표	어려운 생활지도의 다양한 사례를 공유하고 함께 나누고 개선안 생각하기		

활동 분류	내용	준비물
모둠별 마음열기(10분)	◦ 짝놀이 – 공통점 찾기	
작은 주제 나누기(10분)	◦ 올해 나를 기쁘게 하는 그 아이	접착 메모지, 매직
큰 주제 나누기(50분)	◦ 생활지도 문제상황과 개선안 나누기 (월드카페)	접착 메모지, 매직
성찰하기(10분)	◦ 배.느.실 소감나누기	접착 메모지, 매직

1. 모둠별 마음 열기

<짝놀이>

아주 간단한 마음 열기로 시작했다. 두 명씩 짝을 만들어 서로의 공통점을 3개 찾아보는 활동이다. 눈으로 확인할 수 있는 것은 안 되며 대화를 통해 알아내야 하는 것이다. 공통점을 발견할 때마다 여기저기서 반가움의 탄성이 터진다. 참으로 소소한 일에서 작은 기쁨들이 잘 만들어진다.

예를 들면 '초등학생 딸이 있다', '이번 주에 영화관에 간 적이 있다', '7월생이다', '고향이 서울이다' 등 공통점을 찾기 위해 서로 다양한 분야로 묻고 대답하는 과정에서 친근감이 생기는 활동이었다.

2. 작은 주제 나누기

<올해 나를 기쁘게 하는 아이>

생활지도 이야기를 나누기에 앞서 힘든 이야기를 하기 전에는 좀 더 긍정적인 주제로 이야기를 시작해 보는 것이 좋다. 올해 우리 반에서 날 기쁘게 하는 그 아이를 생각하고 이유를 설명하는 활동이다.

먼저 접착 메모지에 쓴 후 모둠에서 한 명씩 이야기를 나누었다. 잠시나마 우리 반 아이들과의 기분 좋은 순간을 떠올리는 표정들은 매우 행복해 보였다.

큰 주제를 이야기 하기 전, 작은 주제 질문들은 전체 분위기 흐름을 고려하여 상황에 맞게 고민해 보는 것이 좋다. 질문에 따라 뒤에 중심 주제를 살릴 수도 있고 때로는 미리 힘을 다 빼놓고 시작하게 되는 나쁜 상황이 연출되기도 한다.

작은 주제 - '올해 나를 기쁘게 하는 아이'

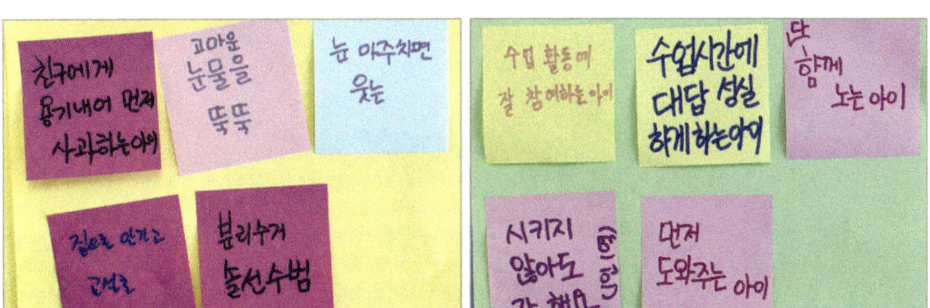

3. 큰 주제 나누기

<우리 학교 생활 지도 6가지 >

이번 월드카페는 이야기 흐름의 진행을 도와줄 테이블 퍼실리테이터가 필요했는데 미리 전담교사들과 상의해서 도움을 받았다.

처음 이야기판은 정해진 모둠에서 다양한 의견을 나눈 후, 두 번째 판은 하고 싶은 말이 있는 주제를 선택해서 가도록 했다. 새로운 모둠 구성이 정리되면 테이블 퍼실리테이터는 앞서 나온 아이디어를 간단하게 설명한 후 시작한다.

이야기 한 판당 20분 정도 걸렸고, 두 판 더 진행하였다.

큰 주제 월드카페

- 다모임 전 설문을 통해 정리한, 올해 우리 학교 선생님들이 공통적으로 힘들어하는 6가지 생활 지도 주제는 다음과 같다.

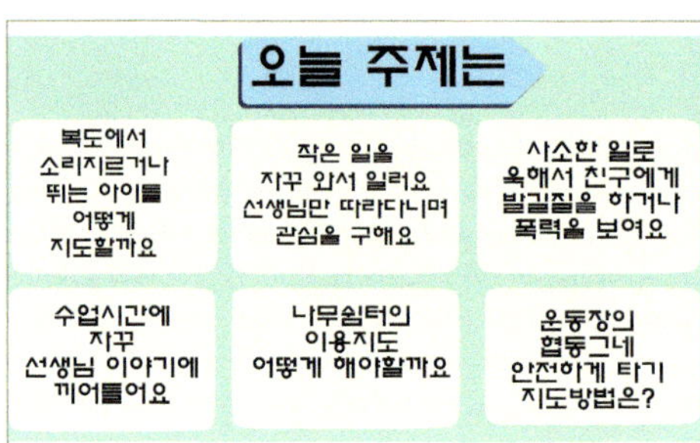

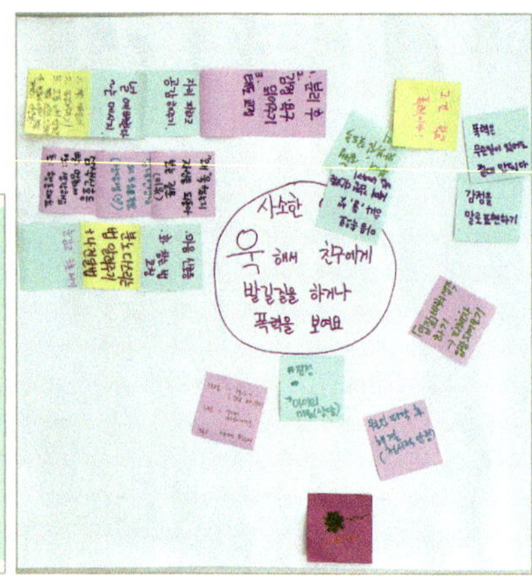

4. 마무리

<배.느.실.>

이번 주제는 모두의 가장 큰 고민거리 였기 때문에 매우 활발한 토의가 이루어졌다. 마무리로는 배.느.실(배운 것, 느낀 것, 실천할 것)을 나누어보았다.

작은 문제도 아이들을 위해 깊게 고민하는 서로에게 감동을 받기도 하고, 같은 고민을 나누면서 집단지성의 힘을 느꼈다고도 했다. 교사의 원칙과 태도도 중요하지만, 더 나은 집중 지도를 위해 학급당 인원수의 감소가 가장 절실하게 필요하고, 더 나아가 생활지도와 아동학대 문제와 관련해 교권 보호에 대한 깊은 대화까지 나눌 수 있어서 좋았다.

배우고 느끼고 실천할 점

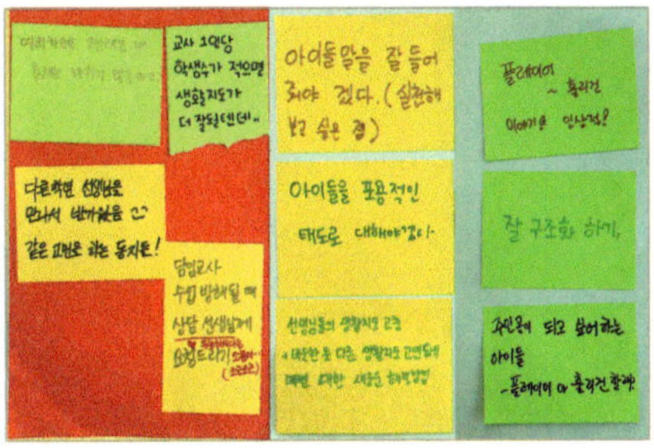

선생님 어떠셨어요?

- 혼자서 해결책을 찾기 힘든 것들을 선생님들과 상의하다 보니 좋은 의견이 많이 나왔습니다.
- 날 기쁘게 하는 그 아이 - 아이들과의 관계를 되돌아볼 수 있는 기회가 되어서 좋았습니다.
- 학급의 문제를 알아보고 해결책을 찾는 방법이 학급회의라고만 생각했는데 문제상황을 설문으로, 해결책을 월드카페로 학급에서도 직접 해 볼 수 있을 것 같아요.

작은 팁 - 힐링 그 자체가 되는 간식

한 학기 끝날 무렵 다모임에 대한 설문을 진행했다. 모임마다 제공되는 센스있는 간식들이 좋았다는 대답이 여럿 보였다. 간식도 매번 많이 고민해서 정하는 정성을 알아주어 좋았다.

간식은 그 자체도 힐링이 되지만 진행에 이용하기도 했다. 교실에 들어오기 전에 과일 타르트 중 마음에 드는 것을 골라서 앉은 후, 4월 같은 주제 월드카페의 시작 전에 과일별로 모둠을 정한다고 하니 재미있어했다.

또, 한 학기 수고했다는 따뜻한 레터링이 부착된 간식에서도 존중받는 느낌을 받는다고 하니, 작은 것에서 감동을 받는 마음도 감사했다.

5월 더 깊숙하게 다가가는 이야기

주인공이 있는 인터뷰

긴장과 분주함으로 3, 4월이 지나고 5월이 되니 각 학년마다 생활지도가 유독 힘든 아이들이 더 선명하게 드러나면서 학교폭력의 아슬아슬한 줄타기가 여기저기 불거지고 있었다. 매번 다른 사건들로 쉴새 없이 하루하루가 채워질 무렵, 학급 생활 지도에 지친 선생님과 이야기를 나누면서, 많은 선생님들이 학부모와 아이들과의 관계에서 심하게 상처받고 고통받고 힘들어한다는 것을 느끼게 되어 5월의 주제를 정하게 되었다.

4월의 생활지도 주제는 일반적인 공통의 이야기였다면 5월에는 한 교사의 고민을 깊게 나누는 주제가 필요한 시기였다.

5월 더 깊숙하게 다가가는 이야기

소요시간	2시간	자리배치	동학년별 모둠
목표	경청과 존중의 인터뷰를 통해 서로의 상처를 보듬고 치유하기		

활동 분류	내용	준비물
모둠별 마음열기 (15분)	욕구 카드 – 우리들의 바람바람바람	욕구 카드
작은 주제 나누기 (10분)	경청이란	
큰 주제 나누기 (30분)	경청과 존중의 인터뷰	전지, 매직
성찰하기(10분)	소감 나누기	접착 메모지, 매직

1. 모둠별 마음 열기

<욕구 카드>

마음열기 활동은 너무 길지 않으면서도 서로의 상태를 파악하고 이해하는 시간을 갖는 것이 목표다. 그래서 직관적인 이해에 도움이 되는 사진이나 글이 있는 다양한 카드를 적극 활용하게 된다

'욕구 카드'는 내게 요즘 무엇이 가장 필요한가를 돌아보며 자신의 상태를 설명할 수 있는 좋은 도구이다. 카드 뒷면에는 그와 관련된 좋은 질문들이 써 있어 활용하기 좋다.

욕구 카드 돌아보기

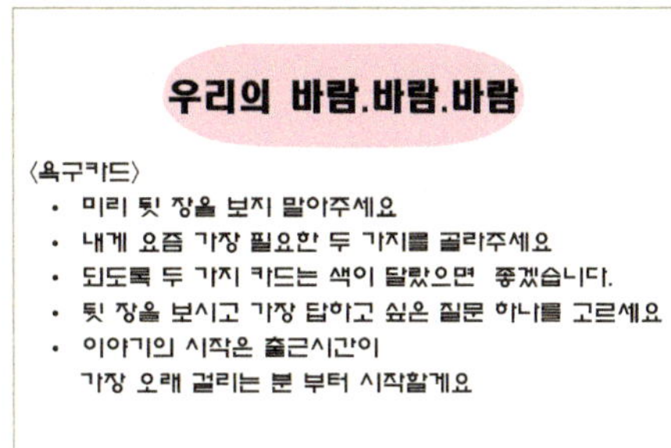

스스로 요즘 자신에게 필요하다고 느끼는 카드를 고른 후, 카드 뒷장의 질문을 하나 골라 읽고 답하는 활동이다. 충분히 예상 가능한 결과지만 힐링 그리고 배움 등의 단어 카드가 많이 나왔다.

2. 작은 주제 나누기

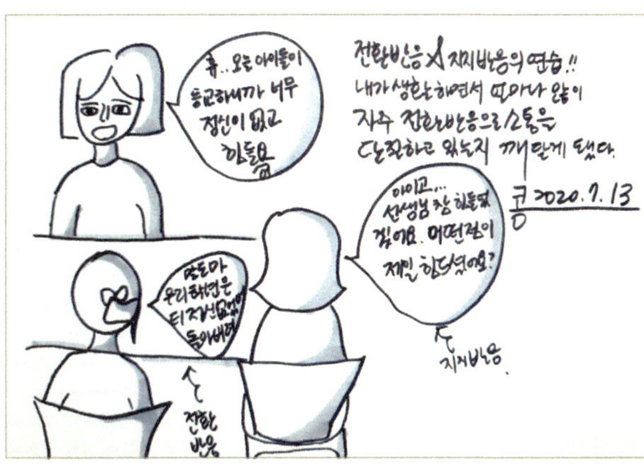

<경청>

주인공이 있는 대화를 주제로 꺼내면서, 경청에 대해 함께 생각하는 시간을 가졌다. 경청은 상대방이 얼마나 소중한 지를 인정해주는 행위이다. 누군가 힘들다는 이야기를 했을 때 그 사람에게 집중하고 경청하는 태도가 필요하다.

특히 전환반응과 지지반응에 대한 차이를 살펴보았다. 전환반응은 상대방의 이야기에 호응해주지 않고 자신의 이야기로 화제를 바꾸는 대화방법이다. 반대로 지지반응은 상대의 이야기에 반응하고 지지하면서 계속 이야기를 할 수 있도록 하는 방법이다. 주인공이 되고 싶은 욕구는 누구에게나 당연히 있지만 그걸 참아내고 지지반응으로 상대방에게 집중하는 모습도 매우 성숙하고 아름답다는 대화를 미리 나누었다.

3. 큰 주제 나누기

<경청과 존중의 인터뷰>

인터뷰의 주인공은 최근에 반 아이 또는 학부모와의 일로 매우 힘든 시간을 보내는 분으로, 학년에서 의논해서 정하기로 했다. 큰 사건이 없는 학년은 거의 없지만, 2순위는 학년의 막내인 저경력교사로 정하자고 했다.

먼저 오늘의 주인공이 힘든 사건이나 상황에 대해 구체적으로 설명한다. 이야기를 들으며 다른 교사들은 주인공에게 질문하고 답을 듣는다.

이 깊은 대화가 단순하게 아이 뒷담화로 끝나지 않기 위해서는 존중이 느껴지는 경청과 호기심을 담은 질문 그리고 진심을 담은 대안을 함께 나누는 것이 무엇보다 중요하다.

이 활동은 무엇보다 그동안 켜켜히 쌓여진 동학년간의 믿음과 레포가 형성이 안되어 있으면 효과가 적을 수 밖에 없는데, 월별 다모임 중 가장 좋았다는 평가가 많이 나온 걸 보면, 믿고 이야기를 꺼내 준 교사도, 진심으로 공감하고 함께 좋은 방법을 공유해준 교사도 모두에게 큰 박수를 쳐 주고 싶은 마음이었다.

아마 이 이후에도 동학년과 모여 비슷한 이야기를 나누는 일이 많았을 것이다. 누군가 혼자 버티는 것에 지쳐 "저 오늘 너무 힘든 일이 있었어요"라고 도움을 요청하면, 모두의 지지반응으로 그를 어서 주인공으로 만들어 위로와 공감과 해결의 시간을 만들어 주었으면 하는 마음으로 만든 이야기 장이었다. 그러니 생활지도의 어려움도 뒷담화에서 앞담화로 옮겨보자. 서로를 믿고. 우리에겐 우리가 가장 큰 힘이다.

경청과 존중의 집중 인터뷰

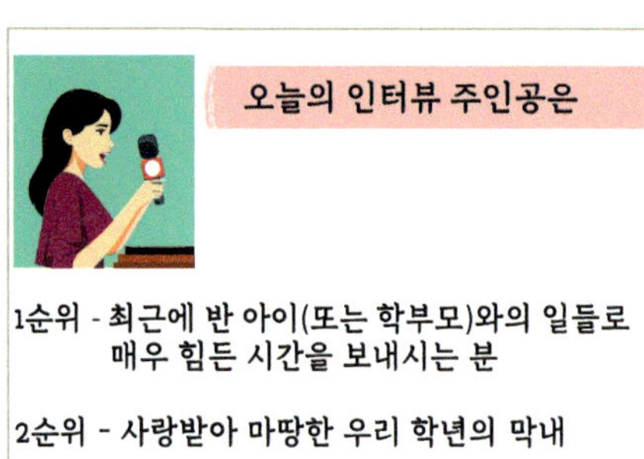

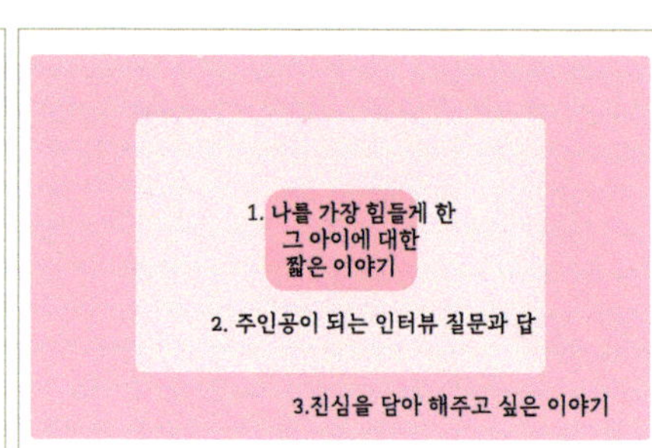

선생님 어떠셨어요?

- 어려움을 공감하고 함께 나눌 수 있어서 좋았어요
- 함께 이야기하며 힘든 점을 공감하는 활동 자체가 힐링이 되었습니다.
- 위로와 격려의 힘을 느낄 수 있었던 따뜻한 시간이었어요.
- 아이가 힘들게 하는 것만 이야기하고 그냥 서로 위로로만 끝내지 않고 그 아이를 어떻게 하면 좋을까? 어떤 방법으로 변화를 줄 수 있는가에 대해 이야기할 수 있음을 배웠어요. 함께 이야기하니 좋은 방법들도 많이 나온 것이 좋았습니다.

6월 힐링과 배움의 비빔밥

이제 숨겨둔 재능을 내놓아 보아요

3~5월 너무 심각하고 힘든 이야기만 했었나 보다. 주변 선생님들께 6월에 하고 싶은 다모임 주제를 물어보니 다들 힐링이 필요하다고 한마디씩 한다. 또 어떤 분들은 배움의 시간도 필요하다고 했다. 이 주제를 비빔밥처럼 섞어 힐링과 배움의 시간을 만들어 보고자 했다. 먼저 전체 교사들에게 메시지를 보내보았다.

〈6월 다모임 진행자를 모집합니다〉

6월 다모임 주제는 '배우고 나누는 힐링'입니다.
"제가 모둠에서 5~8명의 선생님을 모시고 20~30분 정도의 시간을 즐겁게 진행해 보겠습니다" 하고 용기를 내어 주실 분!

예)
1. 아이들과 할 수 있는 실내놀이를 알려드릴게요.
2. 제가 알고 있는 간단 술안주 만들기 레시피를 설명해드릴게요
3. 재미있고 힐링이 되는 그림동화로 이야기를 나눠봐요
4. 영화에 관심 있는 분들 모여서 함께 영화 추천 해봅시다
5. 간단한 보드게임, 함께 해 봐요 등

특기를 살리셔도 좋고 이야기판을 만들어 주셔도 좋아요
필요하시다면 재료도 사드릴게요

용기 내서 제게 메세지를 주세요
매번 혼자 앞에 서 있는 게 너무 부끄러운 INFP를 가엾게 여기시고 도와 주세요.
제~~~발~~~~ ^^*

불쌍함을 컨셉으로 메시지를 보냈더니 여러분이 답장을 보내주셔서 8개의 다양한 주제의 판을 열 수 있었다.

6월 이제 숨겨둔 재능을 내놓아 보아요

소요시간	2시간	자리배치	주제별 모둠
목표	다양한 주제의 재능기부를 선택하여 배우고 힐링하기		

활동 분류	내용	준비물
모둠별 마음열기(10분)	○ 재능기부의 판을 만든 계기 설명	
큰 주제 나누기(60분)	○ 8가지 다양한 재능기부 (30분씩 2회)	주제별 준비물
성찰하기(10분)	○ 소감 나누기	

1. 마음 열기

재능기부의 판을 열게 된 계기와 과정을 설명하였다. 그동안 마음 나누기의 과정이 힐링이 되면서도 심각한 이야기들이 오가고 보니 마음이 무거워졌을 것이다. 오늘은 '힐링과 배움'의 주제에 맞게 가벼운 마음으로 참여하길 바라며 8명의 재능기부자에게 감사한 마음을 전했다.

2. 주제 나누기

모둠 구성에 대한 고민을 했다. 구체적인 주제를 그대로 보여주지 않고 먼저 관련 그림으로 호기심을 자극했다. 그리고 끌리는 그림을 따라 자리를 옮긴 후에 아래 주제를 공개하니 더 재미있어했다.

구성된 내용은 8가지였다.

1. 아이들과 함께 할 수 있는 보드게임
2. 타로 카드로 보는 나의 타고난 성격 알아보기
3. 그림책 읽고 옷 입히기
4. 도구를 활용한 창의적인 만남

5. 하브루타 주사위를 활용한 스토리텔링
6. 아이들과 함께 할 수 있는 실내놀이
7. 미니 케이크 만들기
8. 단오맞이 장명루 만들기

주제당 30~40분 정도의 시간을 주고, 한 번 더 선택할 기회를 주어 두 번의 판을 운영했다.

8가지 다양한 재능기부

이 활동은 모두 재미있어해서 오히려 아쉬워하는 평가가 많았다. 재능기부자라 활동에 참여하지 못한 것이 아쉬웠다는 얘기, 8개 모두 재미있어 보였는데 2개밖에 못해서 아쉬웠다는 얘기 등이다. 그래서 이 활동은 2학기에도 또 해야지 싶다. 다들 혼자 알기엔 아까운 재능들을 품고 있음을 알게 되었기 때문이다. 학교에 외부강사를 초청해 강의를 듣는 것도 좋지만, 내부의 보물을 찾아 함께 나누는 것도 자연스럽게 마음이 가까워지는 좋은 계기였다.

선생님 어떠셨어요?

- 다양한 재능을 가진 선생님들로부터 배움의 기회가 되어 좋았습니다.
- 부담 없이 다른 학년 선생님들과 가까워지는 시간이었습니다.
- 배운 것을 교실에서 바로 아이들과 같이 활용해보니 더 좋았어요

7월 함께 돌아보는 한 학기

학년 교육과정 함께 돌아보기

한 학기 또는 한 학년을 끝내면서 학년에서 함께 진행했던 모든 교육과정을 펼쳐놓고 함께 논의하고, 격려하는 과정이다. 평가라는 단어가 주는 거부감이 드는 것이 사실이라 '함께 돌아보기'라는 이름으로 진행했다

7월 학년 교육과정 함께 돌아보기			
소요시간	2시간	자리배치	동학년별 모둠
목표	학년 교육과정 함께 돌아보기		

활동 분류	내용	준비물
모둠별 마음열기(10분)	○ 1학기를 끝내며, 우리 학년의 이미지를 골라 한 단어로 표현하기	이미지 카드 접착 메모지, 매직
주제 나누기(40분)	○ 학년 교육과정 의미 있었거나 아쉬운 것 나누기	전지, 매직
성찰하기(30분)	○ 칭찬 샤워	씨앗카드 (가치단어카드)

1. 마음 열기

<이미지 카드>

학기 또는 일 년을 끝내며 우리 학년이나 학교를 돌아볼 수 있는 도구로 이미지 카드를 사용했다. 내가 생각하는 우리 학년(팀) 또는 우리 학교 이미지를 골라서 핵심 단어나 문장을 접착 메모지에 써서 붙여준 후 모둠원들과 이야기를 나눈다.

학년에서 가장 공감이 된 한 가지 이야기를 골라 전체에 발표를 했는데 같은 그림과 같은 단어가 보여 모두 한참 웃었다. "우리는 교사인 줄 알았는데 소방대원이었나 보다"며 한 학기의 이미지를 '화재진압'이라고 써 놓은 것을 보고 긴 설명을 듣지 않아도 모두 저절로 공감 하는 표정을 볼 수 있었다.

마음열기-이미지카드

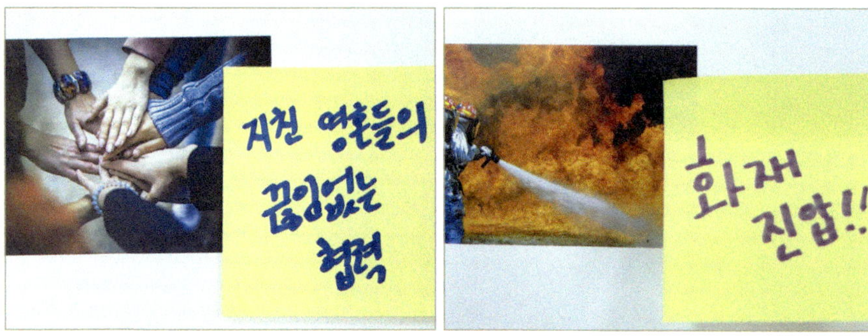

2. 주제 나누기

<학년 교육과정 함께 돌아보기>

우리 학년에서 함께 실행했던 의미 있는 교육을 담은 이야기들을 해보는 시간이다. 두 가지 질문을 제시했다.

1. <학년>에서 함께했던, 긍정적인 교육과정은 무엇이며, 내게 어떤 의미가 있었나요?
2. <학년>에서 함께했던, 수정·보완이 필요한 교육과정은 무엇이며, 그 이유는 무엇인가요?

각자 2가지 이상씩 쓰는 동안에는 서로 대화를 나누지 않고 홀로 돌아봄에 집중하는 시간을 가지는 것이 좋다. 같은 교육과정에 대해 다른 생각을 가지고 있는 것을 미리 이야기하고 나면 누군가는 다르게 쓰는 것에 주저하게 되는 경우가 생기기도 한다. 모두 다 쓴 후에는 긍정적인 교육과정부터 공유한다.

우리 학교 같은 경우 동학년 구성 외에 업무전담팀과 비담임(사서교사, 상담교사, 영양교사 등) 두 모둠이 더 있었는데, 각자 업무의 영역이 달라서 서로 하고 있는 일에 대해 자세히 알지 못하는 상황이었다. 그래서 이 팀에게는 '내가 00으로서 한 학기 동안 노력했던 의미 있는 교육 이야기'로 주제를 주었다. 관리자로서 또는 업무부장으로서의 어려움 그리고 학년중심으로 운영되는 학교에서 자칫 소외될 수 있는 비담임교사들의 보이지 않는 노력들을 서로 나누면서 격려해주는 시간도 필요했다.

학년 교육과정 함께 돌아보기

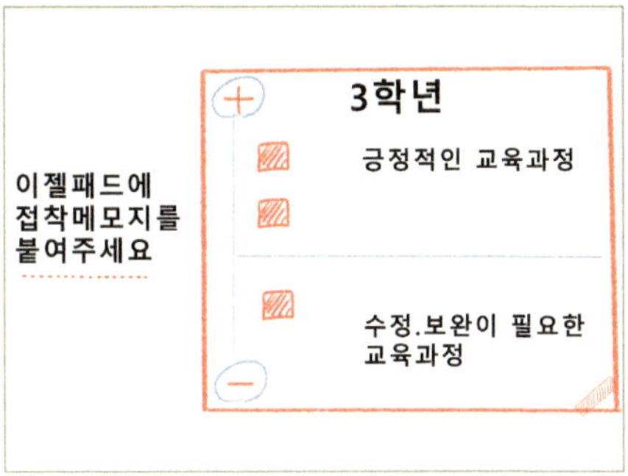

3. 성찰하기

<칭찬샤워>

교육과정을 함께 냉철하게 돌아본 후에는 다사다난했던 한 학기 동안의 서로의 수고에 대한 격려의 시간이 필요하다.

가치카드를 앞에 펼쳐놓고, 자신의 옆에 앉은 두 분에게 어울리는 단어를 고른다. 그리고 선물을 드리는 마음으로 가치단어를 건넨다.

한 명씩 돌아가며 그 단어를 선물한 사람이 진심을 담아 그 이유를 설명해 준다. 이때 꼭 당부하는 말이 있다. 자기 칭찬을 하는 시간을 어색해하거나 부끄러워 하지 말고 즐겨달라는 거다. 그것도 서로의 자존감을 높여주는 태도이기도 하다.

정신건강의학과 전문의 김현수 교수는 『선생님 오늘도 무사히』[16]에서 교사의 안전을 위협하는 다양한 트라우마를 설명하며, 외상후 스트레스 장애의 질병 경과에서 가장 강력한 치유적 요소가 되는 단 하나의 명약은 '사회적 지지'라고 설명했다. 동료교사의 강력한 지지가 필요하다고 했다.

이 활동은 서로에 대한 지지와 치유가 절실했던 다사다난한 한 학기(학년)을 함께 보낸 동료의 칭찬은 그야말로 고래를 춤추게 하는 시간이었다. 그리고 다시 힘을 낼 수 있는 충전의 시간이기도 하다.

16) 김현수(2021). 선생님, 오늘도 무사히! ㈜창비.

칭찬 샤워

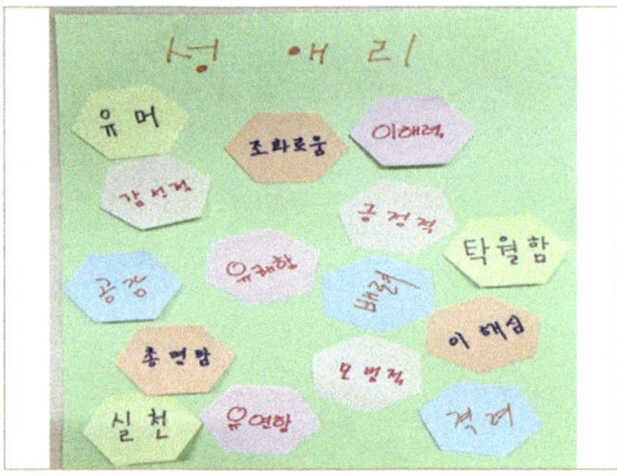

칭찬 샤워　　우리가 발견한 당신의 빛

칭찬	진심	존중	신뢰	몰입	평온
겸손	인정	관계	선함	정의	유연성
경청	나눔	위로	화합	책임	한결같은
솔직	재치	정성	따뜻함	초심	봉사
인내	배려	인격	용기	포용	자율
매력	성찰	친절	지지	신념	발견
예의	배움	열정	소통	유머	공감
끈기	지혜	창의성	전략	자신감	너그러움

결국은 '소통'이 가장 중요하다. 자주 하자!

올해 우리 학교의 평가회는 참 많은 이야기가 오고 갔다. 협의가 형식적이지 않고 우리가 협의하고 결정된 것들이 다음 학기나 내년에 반영된다고 생각하니 더 하고 싶은 말이 많아진다. 자주 해야 한다. 한꺼번에 일년치 이야기를 하느라 소화불량에 걸리지 않게 하려면 말이다.

모두 이야기해야 한다. 내성적인 그대도!

아무래도 평소 내성적이거나 경력이 적은 선생님들이 상대적으로 표현 기회가 적다. 교실에서도 발표할 기회를 주는 것을 사명감으로 생각하면서도 본인은 그냥 듣기만 하기를 원한다고 하지만 막상 이야기판을 깔아주면 무척 논리적으로 표현을 잘 한다. 말하지 않으면 교육적이지도 쉽지도 않았던 그 형식적인 행사. 내년에도 또 해야 한다. 자. 표현하자. 내성적인 그대도!

선생님 어떠셨어요?

- 역시 우리의 본질은 가르침에 있죠. 교육과정 운영이 어떻게 되고 있는지 의미 있는 것이 있었는지, 다음 해에도 지속하고 싶은 것이 있는지를 살펴보는 것은 언제나 의미 있습니다!
- 동학년이 함께 1학기 교육활동을 돌아보고 나눠보는 시간이 보람 있고 뜻깊었어요
- 동학년 선생님들에게 감사한 마음을 전하는 시간이었던 것 같습니다. 서로 칭찬해주고 칭찬을 들으니 마음이 몽글몽글해 지고 좋았어요

2월에 놓쳐버린 회의규칙 만들기

내 마음 같지 않다

사실 앞에 숨겨둔 사실이 있다. 다모임 준비와 진행이 늘 순탄하지는 않았다는 거다. 4월 다모임을 준비하면서 예상치 못한 큰 난관을 만났다. 3월 다모임에 대한 평가가 매우 좋았음에도 불구하고 다모임에 대한 내용이 다소 느슨하다고 생각했건 건지, 우리 학년 하나 빠져도 상관없겠지 했던 건지, 3개 학년이나 학년 행사를 다모임 날짜로 계획하면서 4월 다모임은 반쪽짜리로 진행할 위기에 빠졌다. 아니 반쪽짜리로 진행하게 되었다. 위기는 늘 배움을 준다. 2월에 꼭 했어야 했던 회의규칙 만들기를 하지 않았던 것이 이렇게 큰 결과를 만들 것이라고는 미처 생각하지 못했다. 사실 깜박 잊은 것은 아니었으나, 안 해도 다 알겠지 하는 안일한 마음이 있었던 거다. 2월 새학년 워크숍에서 진행하면 좋은, 아니 해야만 하는 회의 규칙 워크숍을 제안해 보고자 한다.

2월 회의 규칙 만들기

소요시간	2시간	자리배치	동학년별 모둠
목표	나 함께 지켜야 할 학교 다모임 규칙 정하기		

활동 분류	내용	준비물
모둠별 마음열기 (20분)	○ 이미지카드 – 내가 경험한 학교 회의문화 나누기	이미지 카드 접착 메모지, 매직
주제 나누기(40분)	○ 회의 협약 정하기 - 역브레인스토밍	전지, 매직
성찰하기(10분)	○ 모두의 약속과 다짐	

1. 마음 열기

<이미지 카드로 경험 나누기>

가끔 '라떼' 이야기를 나누는 것의 좋은 점이 있다. 그때 우리가 너무나 부당한 것을 당연하다고 생각했던, 또는 바꾸기 힘들다고 생각했던 것에 대한 반성과 앞으로 또 우리가 고쳐나가야 할 것들에 대한 생각을 나누게 된다.

그동안 각자 경험한 학교의 협의 과정의 구체적인 상황을 떠올리며 그때를 이미지나 감정으로 표현할 수 있는 카드를 골라 이야기를 나눈다.

2. 주제 나누기

<회의 협약 정하기>

예전에 아이들에게 읽어준 『엄마를 화나게 하는 10가지 방법』[17]이라는 동화가 있다. 늘 못하게 하는 것을 주인공이 마구 해대니 카타르시스가 느껴지는지 아이들이 엄청 웃으면서 들었다. 마지막 장에는 '그럼 반대로 하면 엄마가 기뻐하겠구나'라는 메시지를 준다. 이걸 이용해 '엄마를 기쁘게 하는 10가지 방법'에 대해 글쓰기를 해 보았었다. 이 방법이 역브레인스토밍이다.

역브레인스토밍을 이용한 회의 망치기

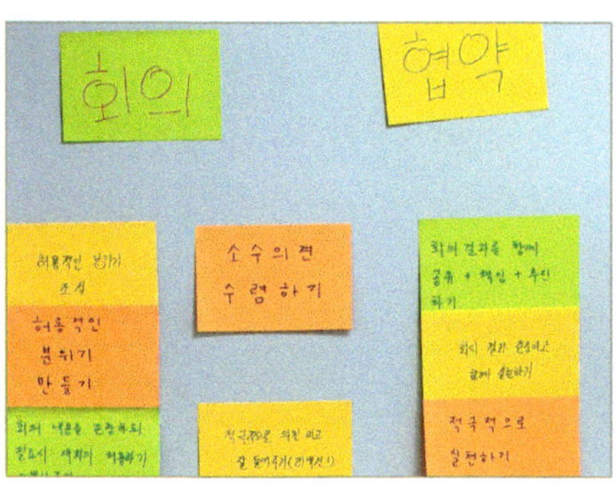

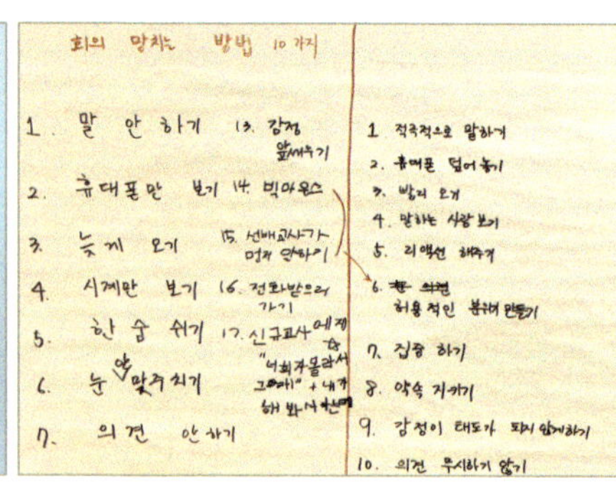

17) 실비 드 마튀이시왹스(2016). 엄마를 화나게 하는 10가지 방법. 어린이작가정신

모둠별로 전지를 반을 접어 '학교 회의를 망치는 방법 10가지'를 적어보도록 했다. 이 활동은 할 때마다 여기저기 큰 웃음소리가 들린다. 어른들도 아이들과 다르지 않은 장난의 시원함이 느껴지나 보다.

다 쓰고 나면 이제 다시 진지한 시간으로 건너와야 한다. 10가지를 비슷한 것끼리 유목화를 하고 난 후 그 내용을 반대로 뒤집어 회의 규칙으로 이끌어 내는 활동이다.

여러 모둠이 정한 회의 규칙은 다시 유목화해서 최종 리스트를 정하고, 이 내용은 회의실에 일년 내내 붙여놓는 것이 효과적이다.

3. 성찰하기

<나의 다짐>

전체의 약속을 함께 정한 후에는, 이에 대한 나의 다짐을 구체적으로 써 보는 활동을 했다. 이 과정을 통해 회의 규칙에 대한 나의 태도를 다시 돌아볼 수 있기 때문이다. 각자의 다짐과 이름과 사인을 한 후 회의 규칙 옆에 같이 붙여놓았다.

"그건 기본 아니야?"라는 말을 많이 듣는다. 내가 생각하는 기본이라는 것이 다른 사람들에게도 그럴 거라고 생각하는 오만이 우리를 힘들게 한다. 각자의 기본들의 교집합을 찾아보는 것, 그것이 회의규칙 만들기다. 주어진 것이 아니라 함께 만들어 함께 실천하는 과정에서 '우리의 기본'이 되는 것이다.

학년말에 하면 좋은 '업무 재구조화'

혁신학교는 뭐가 다른데?

혁신학교를 운영해 오면서 위와 같은 질문을 받으면 나는 "더하기 빼기를 잘 해 보자는 것"이라고 대답했다. <빼기>는 교사의 교육적 활동에 방해가 되는 업무를 조금씩 줄여보고, <더하기>는 그 시간에 교육적으로 성장할 수 있는 기회를 더 만들어보자는 것이고, <잘>은 이 과정을 민주적인 소통 문화를 바탕으로 해 보자는 것이었다. 이 세 기둥은 어느 하나라도 짧거나 길지 않게 발맞추어 성장해야 '학교 자치'라는 큰 지붕을 안정적으로 받쳐줄 수 있다.

업무는 왜 매년 늘어갈까?

대답은 간단하다. 기존의 것을 줄이지 않고 새로운 것만 추가되기 때문이다. 학교 내에서 그동안 했던 행사나 업무를 내년에도 계속 유지할 것인지 없앨 것인지 함께 논의하지도 않은 채 매년 그대로 인수인계하며 쌓아가기만 하니, 계속 늘어갈 수 밖에 없었다. 낯설게 돌아보는 시간이 필요하다. 정말 이 행사가 교육적인지. 이 업무가 꼭 필요한 것인지.

학년말 학교 업무 재구조화			
소요시간	2시간	자리배치	동학년별 모둠
목표	우리 학교 모든 업무를 새롭게 돌아보고 내년 계획에 반영하기		

활동 분류	내용	준비물
모둠별 마음열기 (20분)	○ 너도? 나도! - '나는 이런 업무도 해 보았다'	
큰 주제 나누기 (50분)	○ 우리 학교 모든 업무 새롭게 돌아보기	접착 메모지, 매직
성찰하기(10분)	○ 소감 나누기	

1. 마음 열기

<너도? 나도!>

주제는 '예전에 이런 업무도 해 보았다'이다. 앞서 언급한 것처럼 그때는 당연한 교사의 업무였으나 지금 생각하면 너무 황당했던 것들도 많고, 형식적이기만 한 시간 낭비 업무도 참 많았다. 어떤 업무를 덜어내야 하는지, 그 기준은 어때야 하는지 유머러스하게 살펴보는 활동이다.

한 명이 주제에 맞는 이야기를 하고 나서, 같은 경험이 있으면 "나도!"를 외치는데, 아무도 외치지 않으면 발표자가 "나만?"이라고 말한다. 한 명씩 돌아가면서 발표자가 된다.

예를 들면 "나는 예전에 매주 '저금하는 날' 아침마다 아이들이 가져오는 통장과 저금할 돈을 걷고 정리해서 교무실에 보냈는데, 총액과 적어놓은 돈이 맞지 않으면 1교시 수업을 늦게 시작하게 되더라도 하나하나 다시 맞춰야 했다. 난 그날은 아이들과 아침 인사를 나누는 교사가 아니라 은행직원이었다"라고 말했을 때 같은 경험을 한 사람은 "나도!"를 외치는 것이다.

2. 큰 주제 나누기

<업무 새롭게 돌아보기>

우리 학교에서 일 년 동안 자신이 담당했던 크고 작은 업무와 행사를 접착 메모지 한 장마다 하나씩 적어서 모두 한곳에 모아 붙인다.

그리고 아래 ERRC 방법을 이용하여 서로 이야기를 나누며 네 곳에 접착 메모지를 옮겨본다. 시간을 단축하기 위해 협의가 필요한 것. 필요하지 않은 것으로 나눠서 하기도 한다.

이 활동은 매년, 모두가 모여서 하는 것을 원칙으로 해야 한다. 4가지 영역으로 옮기는 과정에서 서로 다른 생각과 관점과 경험을 건강하게 나누면서 또 이해하고 타협하는 건강한 조직이 완성되고 신뢰가 쌓이는 과정이 될 것이다.

우리 학교 모든 업무를 새롭게 돌아보기

ERRC기법

- 이 모든 업무를 ERRC 기법을 이용해서 네 영역으로 나눠보는 활동이다. 기존에 했던 것을 그대로 답습하는 것이 아니라 무엇을 제거하고, 유지 또는 발전시키고, 수정하거나 줄이고, 새롭게 해볼 것인지를 함께 나눠보는 활동이다.
- 되도록 과감하게 20%를 없애보고 좋은 아이디어가 있으면 5%를 새롭게 해 보면서 전체적으로 업무나 행사를 점점 줄이고 교육과정에 더 많은 시간을 투자해보자는 것이다.

한 학기 다모임을 정리하며

한 학기 다모임을 정리하며

솔직히 고백하자면 다른 학교나 기관에서 의뢰받아 퍼실리테이터로서 워크숍 진행을 할 때는 사전에 주제와 기획 그리고 당일 진행에 최선을 다 하고 나면 그 이후의 문제는 내가 책임질 영역이 아니어서 끝나고 나면 상대적으로 마음이 가벼웠던 게 사실이다. 그러나 매월 우리 학교에서 이루어지는 다모임은 다양하게 나온 해결방안들을 실천과 연결하는 결과처리가 더 쉽지 않은 과정이었다. 또한 매월 주제를 찾는 과정은, 나로 하여금 우리 학교의 여러 가지 사건사고를 계속해서 탐색하고, 구성원들을 애정 가득한 눈으로 끊임없이 살펴보게 만들었다. 무슨 얘기를 하고 싶을까? 어떤 질문으로 다가가야 할까? 더 쉽게 말하면, 너무나도 바쁜 하루하루에, 다모임 하러 모이는 귀한 2시간이 아깝게 느껴지지 않았으면 좋겠다는 마음이 가장 컸는데, 다들 귀한 칭찬을 아끼지 않아 줘서 안심을 느꼈다. 휴우. 다행이다.

이후에는

평화로운 시기에는 마음을 나누는 풍성한 모임이 가능하다. 그러나 학교는 자주 무엇인가를 결정해야 하는 기로가 생기고 그곳엔 다양하고 때론 무척 첨예하게 대립되는 다른 의견들이 생긴다. 사실 이런 상황에서 갈등을 조절하고 생각을 모으는 일이 쉽지 않다. 또한 이 쉽지 않은 일이 관계를 망치지 않고 함께 만족하는 결과를 만들었을 때 조직에 대한 신뢰가 더 두터워진다. 나는 지금까지의 관계중심 다모임을 안전한 퍼실리테이션 이라고 본다면 이러한 갈등 상황은 정글의 퍼실리테이션이라고 보았다. 이 이후에는 정글 이야기를 더 자세히 다루고 싶다.

선생님, 오늘도 무사히!

여름 내내 글을 쓰는 동안 교사들에 관련된 너무도 가슴 아픈 뉴스들이 많이 들려왔다. 교사들이 지금보다는 조금 더 행복해졌으면 좋겠다는 생각이 어느 때보다 더 절실해졌다. 잘못된 제도의 개선은 당연한 디폴트이고, 우리 안에서는 서로가 서로에게 위로와 공감의 치유제가 되길 바라는 마음이다. 서로의 깊은 아픔을 알아차릴 수 있는 순간들이 많았으면 좋겠다. 그래서 더이상 너무 아픈 소식은 없었으면 좋겠다. 정말 그랬으면 좋겠다.

앞서 언급한 『선생님, 오늘도 무사히!』 에서 김현수 교수의 글을 빌리며 마치고자 한다.

> 함께 서로를 돌보는 교사회가 치유자입니다.
> 집단적인 교사 만남에서는 집단적인 지지와 격려, 해결책
> 그리고 강력한 소속감에서 기원하는 애정을 제공 받기 때문에
> 큰 치유 효과가 있습니다.
> 이때 받는 안심과 안정의 영향은 아주 강력합니다. (중략)
> 서로에게 지지대가 되기 위한 치유적인 교사회를 만드는 일,
> 이것이 교사들의 집단 상처에 처방할 수 있는 가장 좋은 약입니다.
>
> 김현수 - 선생님, 오늘도 무사히!

선생님 어떠셨어요?

- 매월 다모임 시간이 기다려졌어요 - 주제도 좋았지만 다모임에 참가해서 서로 힐링하는 시간이었어요. 다른 학년과 이야기를 나누며 서로를 이해할 수 있었어요. 늘 휴식 같은 다모임 시간을 선물해주셔서 감사드려요
- 개인적으로 회의를 즐거워하지 않았어요. 회의로 학교가 달라지는 점을 보고 좋은 학교구나, 내가 학교를 잘 옮겨 왔구나 하는 생각을 했어요.
- 모두 모일 기회가 없어 다모임을 통해 다양한 정보와 마음을 나눌 수 있어서 좋았습니다. 다음 기회에는 학교생활지도를 위한 교권 보호에 관한 이야기도 나누었으면 합니다.

에필로그

우리의 지난 4년을 돌아보며

민주적 학교문화 연구팀은?

2020년 6월에 결성되어 현재까지 민주적 의사결정 방법에 대하여 연구와 실천을 지속해 온 공동체이다. 대체로 혁신학교에 근무하였거나 혁신 부장 경험이 있거나 학교혁신과 관련한 활동을 지속해 온 유, 초, 중등 교사 및 장학사로 구성되었다. 결성 초기에는 단위학교 회의 자료집 제작을 목적으로 한 TF 성격의 모임이었으며 9명의 멤버로 시작하였다. 자료집 제작을 위해 학교 회의 방법에 대한 학습을 함께 하는 과정에서 민주적인 회의 문화가 정착되기 위해서는 철학이 빠진 매뉴얼이나 절차만 전달되어서는 안된다는 생각을 하게 되었다. 이후 모임의 이름을 민주적 학교문화 연구팀으로 바꾸고 학교의 민주적 문화에 대한 공동 연구, 공동 실천을 하는 모임으로 변화하였다. 현재는 총 19명의 팀원이 함께 하고 있다. 철학을 담은 워크숍을 만들고 진행하기 위해 팀원이 꾸준히 학습해왔고 2021년부터는 학교 현장의 필요와 목적에 맞는 워크숍들을 직접 개발 및 실행하고 관련 자료를 현장에 제공해오고 있다. 단위학교 맞춤형 워크숍으로는 교직원 관계 형성, 비전 수립, 교육과정 설계 및 평가, 업무 효율화, 회의 규칙, 전문적 학습공동체 계획 수립 및 평가 등이 있다. 단위학교를 넘어 개발된 워크숍에는 혁신학교 중간 평가 워크숍, 부장 교사 및 행정 실장 리더십 워크숍, 마을교육지구 중간 평가 워크숍, 학교 회의 디자인 기초과정 연수 등이 있다.

다음의 내용은 '민주적 학교문화 연구팀'에 대한 사례 연구를 위해 실시했던 심층 면담 내용에 본 책 출판을 위해 추가 면담을 실시하여 재구성한 내용입니다.

Q. 모두들 어떤 '속셈'으로 이 모임에 뛰어드셨어요? 과거의 어떤 체험들이 이 모임에 닻을 내리게 했을까요?

성애리 저는 혁신학교 운영부장을 맡게 되면서 진행자로서 기존의 회의가 아닌 다른 형태의 회의를 요구받았어요. 그런데 그동안 그런 걸 해본 적도 배운 적도 없었어요. 배운 건 없는데 실행해야 하는 상황들이 많았거든요. 어떻게 해야 잘 할 수 있을까 고민하면서도 주먹구구식으로 운영을 할 수 밖에 없었던 시기에 정준화 선생님이랑 같이 퍼실리테이션 연수를 받으면서 저렇게도 할 수 있구나라는 생각이 들면서 더 배우고 싶다 라고 의사 표현을 했었죠.

정준화 주먹구구식으로 운영하셨다고 하셨는데 구체적으로 어떤 게 가장 어려우셨어요? 그리고 그때 어떤 도움이 필요하셨는지가 궁금해요.

성애리 그때는 사실 워크숍이라는 것 자체가 학교에 아예 없던 문화였어요. 이 전의 회의는 각부 부장의 업무 전달 그리고 거기에 다른 의견을 내는 것을 한 적이 없었죠. 이미 결정하고 회의에서 통보해 준 내용을 가지고 동학년 회의실이나 마음 편한 사람들끼리 모여서 뒷담화하고 그냥 투덜거리는 정도로만 늘 끝났던 것 같아요. 그러니까 학교 사안에 대해서 학교 구성원들과 정식으로 토의를 해본 경험이 없었던 것 같아요. 혁신학교 시작하면서 혁신부장을 맡았는데 학교회의를 워크숍으로 진행을 하더라고요. 초창기에 제가 어떻게 진행했는지 모르겠어요. 그냥 했어요. 배운 거 없이 주먹구구식으로 했는데 하다 보니 어려움이 많았죠. 배운 적도 없고 본 적도 없는 그 틀을 만들어서 해야 되니까. 그러다가 다른 혁신부장들도 같은 어려움이 있다는 것을 알고 아, 그럼 같이 배워보고 싶다고 생각했어요.

더 잘하고 싶다는 생각이 들었던 이유는 제가 그렇게 어설프게 했는데도 선생님들이 매우 좋아했어요. 중간평가 때 이야기를 나눈 분위기도 너무 좋았고, 새 학년 워크숍에도 새로운 방법이 환영받았어요. 선생님들도 자신의 이야기를 나누는 것을 낯설어 하셨지만 표정이 너무 밝았어요. 거기서 약간 원동력을 만난 것 같아요. 아, 사실은 좋아하셨구나 라는 생각이 들었어요. 그전에는 묻지 않아서 대답하지 않으셨던 거구나 라는 걸 깨닫게 된 거죠.

고흥섭 저는 교육전문직에 들어오기 전 4년을 충북형 혁신학교인 행복씨앗학교에서 근무하면서 혁신학교의 특성을 조금씩 이해해 나가고 있었어요. 우리 연구팀에 들어갈 당시에는 도교육청에서 행복씨앗학교 관련 담당 주무를 하고 있었던 시기였어요. 행복씨앗

학교가 4년을 지내고 새로운 발전 방안들을 고민하고 있던 시점이었죠. 지금까지의 4년 동안, 가장 많은 변화를 가져왔지만 여전히 풀지 못했던 과제는 민주적인 학교 문화였다고 생각했어요. 그중에서도 학교 문화의 핵심은 회의에 있었고 그 회의에서 어떤 의사결정 과정을 거치느냐가 아주 중요한 요소로 자리 잡는다는 걸 느끼게 됐어요. 그래서 그런 부분의 시행착오를 겪은 분들과 함께 행복씨앗학교에 민주적인 회의 문화가 조성되도록 지원해 주고 싶은 생각이 있었어요. 그래서 정준화 선생님과 함께 이야기를 나누고, 역시 정준화 선생님의 인맥을 동원해서 함께할 선생님들을 모으면서 시작하게 됐어요.

정준화 민주적 학교문화, 회의 문화가 풀지 못한 과제라고 하셨는데 그렇게 생각하시게 된 계기가 있었을까요?

고흥섭 지금까지 운영된 행복씨앗학교는 제일 중요한 과제를 민주적인 학교 문화로 잡고 있었죠. 돌아보면, 2015년 이전에는 민주적인 학교 문화라는 말을 갈구하기만 했지 그것이 어떤 모양일까를 생각해 본 적은 없었던 것 같아요. 주변에 그것을 누려본 사람도 없었고요. 우연한 계기에 혁신학교의 4년 간의 내부평가를 거듭하면서 가장 핵심적인 부분이 민주적인 학교 문화라는 것에 동의하고 어느 정도 다들 정착됐다고들 말하는데, 실제로 학교 현장을 나가보면 그 부분이 어느 학교에서든 가장 큰 어려움이거나 아니면 앞으로 또 계속해 나가야 될 과제라고 생각하고 있었던 거죠. 사실 민주적인 학교 문화가 많이 정착됐다고 말하는 사람도 그 뚜렷한 상이 없었던 거예요. 그래서 무엇에 주목하고 지원해야할까의 고민에 답이 된 것이 바로 학교문화였어요. 학교 내의 문화 중에서도 내부 갈등이 생기고, 학교공동체를 와해시키는 것은 결정과 책임의 문제가 따르는 회의 문화라고 생각했죠. 경험적으로 얻은 결론이었던 것 같아요.

박명선 저는 처음에 퍼실리테이션을 공부하는 모임인지 몰랐어요. 옆에 앉아있는 장학사님(고흥섭 장학사)이 회의자료집을 만든다고 하더라고요. 제가 큰 학교 연구부장을 주로 하면서 회의 문화에 대한 목마름이 있었어요. 관리자분들하고도 의사소통이 안 됐을 뿐만 아니라 선생님들하고도 의사소통이 너무 안 돼서 답답하기도 했어요. 그래서 좋은 기회라는 생각이 들었어요.

정준화 역시 회의와 관련된 부분에 대한 목마름이 있으셔서 들어오시게 되신 거네요?

박명선 네. 회의를 진행할 때 비민주적이라고 많이 느꼈었고 자주 부당하다고 느꼈어요. 왜 회의를 하지? 이런 생각들이 좀 있었다고 할까요? 모임을 만들 때 참여하는 구성원을 잘 알지는 못했지만 평소 좋은 선생님이라고 생각하는 분도 있어서 그 분과 연대하고 싶기도 하고 한편으로는 이 모임에 대해 궁금하기도 했습니다. 동기라면 그 정도였던 것 같아요.

정준화 조직이 좀 비민주적이고 선생님들이나 관리자하고 소통이 좀 안 됐다고 하셨었잖아요. 그때를 조금 구체적으로 이야기해 주신다면 어떤 점이 가장 힘들었고 어떤 문제의식을 느끼셨나요?

박명선 선배 선생님하고 크게 충돌한 적이 있었어요. 선배 선생님이 몸이 아프셔서 자신의 업무를 누구한테 맡겨야 되는 상황이었어요. 수술을 하셔야 되는 상황에서 교감 선생님을 통해서 저한테 갑작스럽게 그 업무가 맡겨진 거죠. 사전에 이야기도 하지 않고 통보를 하시더라구요. 업무 분장이라는게 학교에서는 사실 매우 예민한 문제잖아요. 그 사실을 일방적으로 통보받는 게 굉장히 기분이 나쁘더라고요. '사전에 이야기를 해 주셨으면 좋았을 텐데 왜 이렇게 일방적으로 말씀하십니까?' 라고 말했는데 그분 입장에서는 후배가 별것도 아닌 일에 대해서 그런 반응을 하니까 괘씸하셨던 거예요. 그래서 교감 선생님하고 셋이서 대면할 때 선배 선생님은 계속 저에게 다양한 문제 제기를 하셨어요. 다 표현할 순 없지만 분위기가 참으로 험악했고요. 아무튼 그 자리는 제가 사과를 하고 끝났고 선배 선생님도 다음날 저에게 사과는 하셨어요. 당시 의사결정이 일방적인 통보로 이루어지는 경우가 많았고 아직도 여전히 존재하는 것 같아요.

Q. 우리는 이 일을 왜 계속하고 있는 걸까요? 모두 학교의 소통 문화에 대한 답답함, 회의 방법에 대한 목마름 등에서부터 출발하셨다고 했어요. 그렇다면 민주적 학교 문화에서 회의가 중요한 이유는 뭐라고 생각하세요?

고흥섭 회의는 전부라기보다는 열쇠 같은 느낌이죠. 단초? 학교에서 민주적인 학교 문화는 아주 폭넓은 문화를 이야기하지만 그것을 자리 잡지 못하게 만드는 요인 중에 하나가 결정을 좌지우지하는 사람들의 뒤집기(결정된 사항 뒤집기)잖아요. 또 우리가 해야 할 일을 스스로 결정하지 못하는 데서 오는 허탈감이 있었던 것 같아요. 그런 뒤집기나 허탈감을 만드는 회의를 구조적인 방법을 통해서 모두가 결정하고 함께 해결해 나가는 과정으로 만들 수 있다고 생각해요. 결국 학교내 가장 큰 갈등의 원인이지만 시스템화만 된다면 협력의 열쇠가 되기 때문에 중요하다고 생각해요.

성애리 어떤 것들을 결정하는 데 있어서 그동안 교사들이 목소리를 내지 않았어요. 생각해보면 처음에는 목소리를 냈다가 좌절당한 적도 있었을 테고 여러 가지 분명한 이유가 있었겠죠. 학교의 무엇인가를 결정할 때 교사들의 의견을 들어서 결정하는 경우도 많이 없고, 스스로 그런 판을 만들어 본 경험도 별로 없었어요. 학교 특색이나 학교 비전도 교사들이 정하지 않고 교장과 연구부장 이렇게 둘이 정해서 결정을 하니 나와 전혀 상관없는 일이죠. 우리가 원하는 회의는 목소리를 낼 수 있는 판을 자연스럽게 만드는 것이고, 제 경험에 의하면 의견을 낸 것엔 자발성이 생기더라고요. 그런 회의는 교사들의 자율성과 자발성, 자주성을 만들어준다고 생각해요.

박명선 맞아요. 저도 단초라고 하는 거에 너무 동의를 하는데요. 연구부장하면서 뭔가 창의적으로 해보고 싶었어요. 그래서 연수도 듣고 그걸 우리 학교에 도입하려고 어설프게 접착 메모지를 나눠주면서 시도했다가 욕을 엄청 먹었어요. '왜 네 일을 남하고 같이 하려고 하느냐?' 이런 얘기를 좀 많이 들었죠. 그래도 '학교 교육 계획을 수립하는 데는 모든 사람이 함께 해서 비전도 수립하고 특색 교육도 만들고 이러한 과정을 통해 학년 교육과정이 수립되어야한다' 라고 얘기했었는데 선생님들은 의사결정을 같이 하는 걸 경험하지 못하다 보니까, 그런 회의 문화를 경험한 적이 거의 없어서 이해를 못하셨던 거죠. 학교 교육과정이라는 커다란 틀을 연구부장이나 교장 선생님 혼자서 결정하는 것들이 너무나 당연시 됐던 거예요. 사실 학교 교육과정이 꽃이잖아요. 많은 선생님들이 함께 결정하는 것들을 경험해보지 못했기 때문에 그렇게 반응하는 것이 당연하긴 했어요. 그래서 그 회의 문화가 학교 문화를 바꿀 수 있는 단초가 될 수 있을 것 같아요.

Q. 단도직입적으로 여쭤볼게요. 우리 팀이 하는 일이 민주적 학교 문화를 만들기 위해 초석을 다지고 있는 것이라고 생각되거든요. 그러면 학교가 민주적이어야 하는 이유는 뭘까요? 그리고 민주적인 학교란 어떤 모습이라고 생각하세요?

박명선 민주적 학교문화를 떠올릴 때 지금까지 교사들에게 집중한 것 같아요. 지금 생각하니까 이상적인 학교문화라고 하면 학생을 중심에 두어야 하는데, 학생도 뭔가 의사결정을 할 수 있고 참여할 수 있는 그런 것까지 말이죠. 학생들을 허용하고 수용해 줄 수 있는 그런 여유나 문화가 되어야만 하지 않을까? 그리고 학부모들도 학교 공동체로 여기고 소통할 수 있어야 할 것 같아요. 더 나아가서는 지역사회까지 품는 거죠. 그게 민주적 학교 문화일 것 같은데 지금까지 이에 대한 고민까지는 깊이 못 갔던 것 같아요. 왜냐하면 교사들한테도 학교에서 소통한다는 게 안전하지 않잖아요. 교사들조차도. 그래서 이상적인 모습은 교육 3주체라고 하는 모든 구성원들을 당연하게 존중해 주는 그런 것들이 밑바탕 되어야만 할 것 같아요. 하지만 과연 그렇게 하고 있느냐

라는 의문은 좀 생기네요. 지금 그 질문을 들으면서 오히려 고민 안 해봐서 반성이 됩니다.

성애리 저는 그동안 교사 생활을 하면서 내가 부족하다고 생각해왔던 부분들을 학교 밖에서 배웠어요. 학교에서 받은 상처나 생활지도의 어려움을 학교에서 나누지 않고 학교 밖에 있는 교사 모임에서 해결하려고 애썼는데, 제가 생각하는 이상적인 학교는 심리적으로 안전한 조직이 돼서 우리 학교 아이들의 생활 지도를 하면서 생기는 어려움, 수업과 교육 과정에서의 어려움, 더 배우고 싶은 것들 그리고 그 안의 관계에서 생기는 교사들의 상처, 이런 모든 것들이 학교 안에서 이야기가 되고 치유 받고 발전하는 조직이었으면 좋겠어요. 왜냐하면 우리 학교 아이들 이야기고, 그 안에서 내가 성장해야 하는데 그 모든 걸 학교 밖에서 한다는 건 퇴근 이후에, 직접적으로 관련 없는 사람들과 한다는 거잖아요. 그동안은 학교에서 그걸 해볼 생각을 안 했어요, 오랫동안. 그걸 해보려고 하는 거죠. 이상적이라고 말씀을 하시니까 저는 그런 것들이 학교 안에서 다 해결이 됐으면 좋겠어요. 민주적인 조직이라는 것은 심리적 안정감을 주는 조직과 동의어라고 생각해요.

고흥섭 학교의 문화를 이야기할 때는 여러 직종에 따른 문화, 또 학생과 교사라는 관계에서 오는 문화도 있을 거예요. 또 직위에 따른 상하관계 이런 것들에서 오는 문화들도 분명히 있을 거예요. 지금 나열했던 관계는 서로를 구분짓고 있어요. 궁극적인 학교 문화는 구분이 없어지는 거라고 생각해요. 구분이 없어진다는 건 단순한 평등의 의미가 아니라 같은 의견을 내고 결정하는 기회의 동등을 뜻한다고 생각해요. 결국 학교가 민주적이라는 것은 기회 면에서 구분이 없어지고 의사결정을 어떻게 하느냐의 문제로 귀결돼요. 의견 개진과 의사 결정의 기회가 동등하게 주어진다면 한쪽으로의 쏠림보다는 힘의 분산 효과가 생기는 거죠. 그렇게 되면 소수의 사람이 결정하기 어렵기 때문에 많은 사람의 의견을 모아서 함께 결정하는 과정이 될 수밖에 없어요. 결론적으로 모든 구성원이 동등한 기회와 구분 없는 조건은 적극적 자세를 만들고 다 같이 결정해서 다 같이 책임지는 문화가 만들어지게 되죠.

Q. 학교의 민주적 문화를 위한 여러 가지 워크숍을 만들고 진행하셨잖아요? 각자 어떤 것에 주의를 기울이시나요?

박명선 일단은 의뢰자의 생각과 워크숍의 목적이 무엇인지를 파악합니다. 문제 해결하는 것이 목적이라면 의사결정에 방점을 찍어서 디자인을 하게 되고요. 이런(민주적인)

문화를 퍼트리기 위해서 워크숍 참가자들이 몰입하는 것이 목적이라면 그 방향으로 디자인하죠.

성애리 초창기에 기획은 같이 했지만, 실행 과정에서 앞에서 진행하는 주강사의 역할에만 중심을 두고 테이블 퍼실의 역할들을 잘 몰랐어요. 처음에는 멀뚱멀뚱 있기도 하고 어떤 때는 지나치게 관여해서 자리에 같이 앉아서 모든 걸 다 주도하니까 참여자들이 소극적이 되기도 했어요. 서로 주강사와 테이블 퍼실을 번갈아 가며 여러 번 참여하게 되면서 테이블 퍼실과 주강사와의 소통이 얼마나 중요한지도 깨닫게 되고, 적당한 선을 알게 된 것 같아요. 워크숍을 직접 실행하고 있는 사람들에게 어느 정도의 개입을 해야 되는지 어디서 좀 빠져 줘야 되는지에 대해서도 경험으로 배우게 되었어요. 어떤 경우에는 테이블 퍼실이 훨씬 어려운 워크숍도 있어요. 참가자들 사이에 생각의 차이가 크고 예민한 얘기들이 많이 진행되는 워크숍 같은 경우는 테이블 퍼실의 촉진자, 조정자로서의 역할이 중요하고 어려웠던 경험이 있어요.

Q. 그러면 각자 이런 철학, 원리는 꼭 담고 싶다라고 생각하시는게 있나요? 팀 내에서 합의된 것일 수도 있고 암묵적으로 공유된 걸 수도 있고 혹은 각자 개인이 좀 중점적으로 생각하는 것일 수도 있고요.

성애리 저는 참가자들이 앞에 한 10분 정도 흐름만 봐도 '오늘은 대충 시간 때우다 가야지, 마음을 열지 말아야지, 마음을 이만큼 열어야지'. 결심을 한다기보다는 심리적 안정감이 있는 곳인지 본능적으로 알게 되는 거죠.
그래서 초반에 최대한 분위기를 말랑말랑하게 할 수 있도록 기획해서 좀 더 솔직하게 이야기를 할 수 있도록 안전하고 편안한 분위기를 만드는 게 제일 중요한 것 같아요. 선생님들은 참 고맙게도 조금만 분위기가 형성되면 본인 얘기를 굉장히 잘하세요. 강사의 이야기를 많이 듣고 가면 남는 게 없는데 본인의 이야기를 많이 하시고 나면 굉장히 기분 좋아서 가시는 건 맞는 것 같아요. 그래서 제 워크숍 목표는 편안하게 이야기 나누고 기분 좋게 돌아갔으면 좋겠다는 거예요.

고흥섭 저는 우리 학교 문화 연구팀을 경험하기 전과 연구팀 초기만 해도 앞에 서서 이야기할 기회가 있으면, 중요 내용을 정확하고 재미있게, 사람들이 감탄할 만한 메시지를 전달하려고 애썼어요. 다행히도, 갈수록 나의 역할을 줄이는 것이 목표가 됐고 참여하는 사람들이 무엇이든 발견하도록 회의 구조를 만드는 것에 중점을 두는 것 같아요.

그 회의구조가 사람들의 생각을 끌어낼 수 있을까에 초점을 두면서 회의에 참여하는 모든 사람이 참여하도록 애쓰고 있어요. 누구 한 사람이라도 의견개진과 의사결정 과정에서 환대받지 못하는 회의는 의미 없다고 생각해요.

박명선 다른 분들 말씀하고 다 비슷하지만 저는 '존중'의 철학을 강조합니다. 물론 실천하기는 매우 어려워요. 모든 사람이 현명하다는 믿음과 잘 할 수 있다는 믿음으로 워크숍을 이어가야 하는 거죠. 그런데 대부분의 회의에는 빅마우스가 있죠. 퍼실리테이터이든 테이블 퍼실리테이터이든 존중의 철학을 바탕으로 질문하는 것, 소외된 사람에게 질문을 던지는 것, 긍정적인 피드백을 주는 것. 이 정도 이야기해 볼게요.

성애리 저도 그거 너무 중요한 것 같아요. 모.두.가 이야기할 수 있었으면 좋겠다. 빅마우스를 조절하는 것도 사실은 테이블 퍼실의 임무이고요. 사람들은 서로 소통하는 걸 정말 좋아한 다는 걸 워크숍을 진행할수록 확실하게 알겠어요.
얼마 전, 한 퍼실리테이터가 만난 참가자가 '선생님 강의는 선생님이 별로 하는 건 없는 것 같은데 왜 재밌죠?'라고 얘기했다고 해요. 일방적 강의식과는 다르게, 자신의 이야기를 실컷 하고 강의 재미있었다고 하고 가시잖아요. 자기 얘기를 하고 싶은 만큼 하고 가면 굉장히 만족스러운거죠. 그리고 서로 소통하는 과정에서 스스로 더 발전된 결론을 만들고 가시는 거죠.

정준화 들어보니 모두 참가자들을 그 자리에 편안하게 초대하는 거 신경을 쓰시는 것 같고, 두 번째는 공통적으로 이야기를 골고루 할 수 있게 최대한 노력하시는 것 같네요. 그리고 전반적으로 디자인할 때보다는 실행하실 때 더 좀 많이 품을 들이시는 것 같은데 맞나요?

박명선 그렇죠. 지치는 것 같아요. 하면 할수록 알면 알수록 최선을 다하잖아요. 모두 다 그렇죠? 워크숍 진행 중 가만히 서 있을 때도 최선을 다해서 듣잖아요.

성애리 맞아요. 워크숍 의뢰한 담당자 입장에서는 테이블퍼실들은 가만히 서 있고 아무것도 안하는 것처럼 보여질 수 있거든요. 실상은 테이블 퍼실이 그 테이블에서 일어나는 이야기들을 다 경청하고 정리하고 촉진하고 조절하는 과정이 한 편의 영화를 만드는 것 같은 느낌이기 때문에 정말 신경을 많이 써요. 큰 골격을 만드는 것보다 구체적인 걸 조절하는 게 훨씬 더 섬세한 힘이 많이 필요하잖아요. 주 강사는 큰 골격을 이끌어가는 사람이라면 테이블퍼실은 그 안에 가지들을 하나하나 살펴보고 조절해야 되기 때문에 눈에 띄지 않지만 큰 역할을 하고 있죠.

박명선 의사결정을 하는데 퍼실리테이터가 도움을 줘야 되고 분쟁이 발생하거나 조정이 필요할 때 촉진해야 하는 역할이 있잖아요. 'a는 이렇고 b는 이렇게 하면 되지'라고 말하고 싶지만 그렇게 하는 게 아니잖아요. 정답을 알 것 같은데, 정답을 가르치는 역할이 아니고, 어떻게 회의가 되도록 촉진해야 할까? 스트레스가 되는 거에요. 최대한 문제해결 과정에 개입하지 않고 해결과정을 촉진하면서 인내하는 그 연습들이 우리 삶에 도움이 되지 않을까? '그때 그렇게 했었지, 좀 기다려야 되겠다'라는 생각들이 일상적인 삶에도 묻어날 것 같아요. 그렇지만 아직 좀 더 많은 경험이 필요하겠다라는 생각은 들어요.

고흥섭 테이블 퍼실이든 주 진행자든 간에 다른 분들의 워크숍 진행을 보면서 진행자들마다 스타일이 다름을 느껴요. 그 다름을 인식하면 세밀한 부분에 신경쓰게 되는데, 사실 대동소이해요. 그래서 가능하면 진행 상황을 보고 세밀함을 판단하는 편이에요. 제가 사용하는 원고는 그 변화를 반영하기 위해서 두루뭉술하게 만드는 편이에요. 그러니까 참여자들이 어떻게 해석해되 가능한 자료를 쓰는 편이에요.

정준화 조금만 명확히 하고 싶어서 질문을 좀 드리면 그 범위라는 게 퍼실리테이터로 서셨을 때 참가자들한테 디렉션을 주는 그걸 얘기하시는 거죠?

고흥섭 그렇죠.

정준화 디렉션을 좀 더 타이트하게 주느냐 아니면 해석의 여지를 넓게 해서 그 사람들의 운신의 폭을 넓게 하게 허용하느냐에 대한 고민하고 있고, 약간 내 의도와 다르더라도 다 품는 쪽이다, 이렇게 해석하면 될까요?

고흥섭 그렇죠.

Q. 지도에 없는 길을 가는 거였잖아요? 같이 모여서 민주적 회의 방법에 대해서 공부하고, 우리에게 맞는 새로운 워크숍을 만들고 또 많은 진행을 했어요. 그 과정에서 겪었던 각자의 희노애락은 뭔가요?

성애리 저는 초창기에 우리 팀 구성원들이 처음 만난 사람들인데도 불구하고, 같이 생각을 나누고 같이 공부하고, 함께 배운 것을 바탕으로 학교에 맞게 워크숍을 설계하고 실행했던 이 모든 과정이 정말 재미있었어요. 그렇지 않았다면 짧지 않은 시간동안 이렇게 깊게 몰입을 할 수 있었을까 싶어요. 정말 많은 시간을 함께 했거든요. 그리고 함께 할수록 한명 한명 정말 배울 점도 많고 존경스러운 사람들이구나 싶어서 고마운 인연을 만난 것이 참 감사해요.

또, 제가 좋아하는 워크숍은, 제가 진행했던 예를 들어보면 신규, 3년차 교사, 부장교사, 교감 등 비슷한 고민을 하는 같은 '끼리끼리' 직급들의 워크숍이에요. 그들의 경험을 바탕으로 공감할만한 주제질문을, 진심을 담아 고민하고 설계를 해서 진행을 했었는데, 서로의 고민들이 공감이 되니 눈물도 많이 흘리시고, 피드백도 좋았어요. 끝나고 나면 괜히 뿌듯하고 벅차고 보람도 많이 느꼈어요.

그리고 힘들었던 워크숍은, 의뢰를 받아서 정말 열심히 준비해서 갔는데, 조직 안에서는 그 워크숍의 필요성이 전혀 공유가 안 된 상태였고 시작부터 전혀 환대받지 못하는 상황에서 많이 당황했던 기억이 있습니다. 그럼에도 좋았던 건 제게 큰 공부가 되었다는 거예요. 의뢰자와 미리 사전회의를 할 때 꼭 미리 체크해야 하는 것이 어떤 것들인지 다시 한번 상기하게 되는 기회가 되었어요.

또, 여전히 낯선 사람들 앞에 서는 일은 쉽지 않아요. 물론 우리 학교 안에서 진행하는 것도 쉽지 않죠. 기획은 나의 몫이지만 실행과정은 예측할 수 없으니까, 안 그런척 하지만 늘 긴장의 시간들인건 분명해요. 그래서 혼자 하는 것보다 팀원들과 함께 기획하고 함께 실행하는 워크숍이 훨씬 더 좋아요. 엄청난 든든함을 느끼게 해주거든요.

박명선 희노애락이 다 있었던 것은 아니지만, 요즘 제가 하고 있는 일이 과중해서 이 글을 쓰고 있는 상황이 힘들긴 해요. 지금도 내가 이 글을 쓸 자격이 있을까 싶기도 해요. 아, 있군요. 요즘은 시간이 없어서 워크숍 퍼실리테이터로서 역할을 거의 못하고 있어요. 이게 '애'일 것 같고요. 저는 워크숍보다는 강의 의뢰가 많은 편인데 강의 스킬, 강의를 끌고 가는 철학이 달라져서일까요? 강의평이 좋아진 것 같아요. 인상 깊었다고 일부러 찾아 온 분도 있었거든요. 뭔가 예전과 달라진 점이 분명히 있는 것 같아요.

Q. 이 팀의 활동 통해서 가장 크게 얻은 게 있다면 뭘까요?

고흥섭 연구팀에서 워크숍 디자인을 경험하기 전에는 옛날 방식이었어요. 강의를 하면 정말 강의식으로만 하고 내가 대부분 떠들고 의견 질문 한두 개 던진 다음에 한두 개 대답 나오면 다시 진행하는 형태였죠. 내 강의에서 훌륭한 멘트 몇개에 감흥을 받은 사람들에게 강화를 받은 것 같아요. 근데 그때는 결과만 봤어요. 참여를 중심에 둔 워크숍으로 디자인했을 때 같은 내용이라도 사람들의 반응이 달라요. 여럿이 참여할 때는 과정 속에서 살펴지잖아요. 과정을 봐야 하는 거죠. 하지만 워크숍이라고 해서 다 잘 되는 것도 아니더라구요. 성공적 결과가 나온 워크숍을 다른 대상에도 해 봤는데, 완전히 딴판이었요. 그래서 워크숍은 사람에 따라 달라야하고, 대단히 세밀해야 되는구나하고 느꼈어요.

또 한가지는 함께하는 것의 완벽함이에요. 혼자 하면 부족한 부분을 함께하는 분들이 도와주면 워크숍 참여자가 훨씬 활발해지는 경험에서 워크숍을 준비하는 계획부터 실행단계까지 함께 고민하고 진행과정을 공유할 때 혼자하는 것보다 더욱 완벽해짐을 느낍니다.

정준화 사람에 대해 환대해야 한다는?

고흥섭 그 사람의 모든 걸 이해해야만 그 사람에게 가장 큰 환대를 하는 것이라는 말은 제가 진행한 모든 워크숍 디자인의 철학이라고 볼 수 있을 것 같아요. 저만 알고 있기보다는 워크숍에 참여하는 모든 사람들이 그 방향이었으면 좋겠어요. 사실, 희망적인 것은 모든 참여자가 함께 만들고 함께 책임져야 한다는 원칙을 이젠 부정하는 사람은 거의 없는 것 같아요. 이제 학교 문화도 많이 바뀐 것 같아요.

박명선 저는 이 모임을 하면서 제 스스로가 많이 바뀐 것 같아요. 그전에 저를 알았던 분들은 플랜맨(계획에 맞춰 한치에 오차도 없이 사는 사람)이라던가, 알파고 같다고도 했어요. 알파고라고 하신 분들의 의미는 정확하게 모르겠지만, 이 역시도 틀에 맞춰진 정답을 찾아가는 삶의 방식이라고 해야 하지 않을까요. 만약 정해진 틀에서 벗어나면 힘들어하거나 회피했던 것 같기도 해요. 그런데 우리 팀에 들어와서 학교 회의 디자인 공부를 하면서 상당히 많이 바뀌었어요. 사람을 존중하는 철학을 갖으려고 노력하는 것 같아요. '그 사람의 행동이 상식적인 선에서 말도 안 되는 사람인데 그 사람도 뭔가 이렇게 건드려주면 변할 수 있다, 변하긴 어렵겠지만 변할 여지가 있다.' 이렇게 생각해 보려고 해요. 물론 아직까지 실천이 잘 되는 것은 아니고요. 저의 괴로움이 좀 덜어졌다고 해야 할까요.

정준화 선생님이 느끼시기에 스스로 포용적인 마음이나 시선을 좀 가졌다고 생각이 드시는거에요?

박명선 여전히 부족해요. 여전히 부족한데, 많이 노력해요. 저는 굉장히 솔직하고 직설적인 편이에요. 치열하게 살아서 그런지 결과물이 부족하거나 이해할 수 없는 과정이 보이면 그 감정을 표현하던 편이에요. 그런데 이제는 참아보려고 하죠. 포용까지는 모르겠는데 포용력 있게 보이려고 노력해요.

정준화 그게 우리 팀 활동을 기점으로 해서 그렇다고 생각하시는거예요?

박명선 과거의 저는 책을 선정할 때 지식 전달이나 소설 빼고는 손이 안 갔어요. 에세이 등의 교양서적을 보는 것에 큰 의미를 못 두었죠. 그런데 우리 모임에서 학습하면서 같은 문구에 대해 다양한 이야기를 나누면서 사실 좀 충격이었어요. 저런 관점으로도 볼 수도 있구나. 저는 친구들한테 얘기하거든요. 뇌구조가 달라졌다고. 우리 모임에서 제가 제일 변했다고 생각해요. 왜냐하면 다 혁신학교에서 근무하거나 그와 관련해서 고민해왔던 사람들이잖아요. 저는 혁신학교 과제 중 민주적 학교 문화에 사실 관심이 없었어요. 단지 교육과정, 수업과 생활교육 중심으로 학교를 바로 세우는 부분에만 관심이 있었죠. 딱히 반대한 것도 아니지만 큰 관심이 없어서 제가 변할 지는 상상도 못했죠. 물론 완벽하게 근본이 달라지지는 않아요. 그렇지만 달라지는 것은 분명해요.

정준화 관계도 조금 좋아지셨을 것 같은데요?

박명선 네. 관계도 좋아졌어요. 사람들이 다들 편안하게 생각해요. 저만의 생각일 지도 모르지만요. 말투가 딱딱 끊어지고 그래서 처음 보는 사람들이나 깊게 대화를 못 해 본 사람들은 무서워 하기도 해요. 그런데 이제는 많이 줄어든 것 같아요.

성애리 저는 우리 팀의 팀장을 맡으면서 저의 리더십에 대한 고민을 하게 되었어요. 학교에서도 학년부장, 연구부장, 교무부장을 하면서 리더십을 고민하는 과정들을 계속 거쳤지만 그것과는 또 다르더라구요. 여기서는 경험의 층들이 다른 다양한 나이대의 유초중등 교사들과 전문직이 모여있고, 어쩌다 보니 제가 팀장을 지금 3년째 하고 있는데, 리더로서 어떻게 하는 게 잘하는 건가? 라는 고민을 하는 것이 저에게 변화를 주고 있어요. 다들 바쁘겠지 하고 배려한다고 생각하면서 이것도 내가 하고 저것도 내가 하고. 다 내가 하는 게 좋은 리더는 아니거든요. 그들이 잘 할 수 있는 것들을 촉진하고, 역할을 나눌 수 있는 판도 만들고 싶은데 저의 현실은 다들 힘들 텐데 그냥 내가 해버리는 게 낫지 않을까? 하고 있더라구요. 저는 거기에서 저의 어떤 부족한 점이나 한계를 느낄 때가 많아요.

정준화 왜 그런 건 좋은 리더가 아니라고 생각하세요?

성애리 팀 리더로서 팀원들이 계속 눈에 밟히던 시기였어요. 특히 우리 팀의 후배 라인에서 어떤 고민을 할까 라는 생각을 할 때였어요. 선배들은 계속 워크숍을 하러 다니고 결과자료나 사진은 계속 카페에 올라오고, 후배들이 여기에서 내가 필요한 사람인가 이런 생각을 할 수 있잖아요. 그즈음에 신규교사 워크숍이 저한테 의뢰가 들어왔고, 워크숍 설계 기획이 끝났음에도 불구하고 문득 이 친구들이 나보다 더 잘하겠다는 생각이 들었어요. 왜냐하면 그 친구들은 저보다 좀 더 가까운 연차의 선배들로서 신규들의 마음에 공감을 더 잘 하겠다 라는 생각이 들었고, 제가 준화 쌤한테 후배들과 판을 만들어 봐 달라고 부탁했어요. 그 신규워크숍을 후배들이 너무 잘 해내 줘서 정말 고마웠고 자랑스러웠어요. 그때, 적당한 타이밍에 넘겨줄 수 있는 것도 리더의 능력이라고 느꼈거든요. 후배들도 스스로 만족스러워하고 너무 행복해했어요. 그때 기분이 정말 좋았어요.

저는 우리팀 사람들이 좋으니까. 이 사람들이 우리 팀에서 소속감을 느끼고 만족감을 느끼고 성장했으면 좋겠다 라는 생각을 많이 해요.

Q. 우리가 실천하고 노력했던 결과물인데, 이 책이 어떻게 사람들에게 읽혔으면 좋겠어요? 우리는 철학이 있는 워크숍을 강조하잖아요? 그걸 담으려고 노력도 했고요. 그런 측면에서 걱정도 되고 기대도 될 것 같아요. 걱정은 무엇이고 기대는 무엇인가요?

박명선 걱정은 우리의 과정을 담을 수 없는 필력이죠. 정말 깨달은 바가 많은데 담을 수가 없어요. 그래서 크게 기대는 안 하려고 해요. 이 책은 제가 아는 사람들은 안 읽었으면 좋겠고요(창피해서). 소통하기 어렵거나 잘 하고 싶은데 잘 안되는 분들이 쉽게 따라 할 수 있지 않을까. 그리고 학교문화에 대해 고민을 가지고 계신 분들은 다 읽었으면 좋겠어요.

성애리 우리는 이 책에, 학교에서 기획하고 실행할 수 있는 다양한 워크숍의 철학과 내용을 담으려고 노력했어요. 월별로 시기별로 제안하기도 했고요. 여전히 토의와 토론이 아닌 일방적 전달 회의로만 진행되는 학교에서 지내는 선생님이 의욕을 가지고 시기마다 이 많은 것을 다 시도해봐야 한다는 부담감을 갖지 않으시길 바래요. 가장 부담감이 적은 워크숍 주제를 선정해서 용기 내어 한 번 제안하고 시도해보신다면 좋을 것 같아요. 예를 들면 새학년 관계형성 워크숍이나 학년말 교육과정 평가 워크숍은 제 경험에도 성공률이 높았어요.

Q. 끝으로 질문에 없어서 하지 못했던 말씀 있으시면 부탁드려요.

성애리 저희 팀이 스스로 정한 비전은 '협력', '소통', '사회적 기여'입니다. 우리가 연구하고 실천하고 있는 것들을 좀 더 알려서 더 많은 학교에서 스스로 자연스럽고 쉽게 실천해 보았으면 했었습니다. 그래서 민주적인 학교 회의 문화가 확산이 되었으면 하는 바람이에요. 이 책을 써 보자고 했던 큰 동기는 바로 '지속가능한 확산'이에요. 앞으로도 계속 우리를 움직이게 하는 동기가 될 거라고 생각해요.

박명선 나태주님의 '너무 잘하려고 애쓰지 마라'라는 문구가 갑자기 생각나네요. 모두들 각자의 삶에서 열심히 살아보려고 때론 관계가 엉망진창이 되기도 하고, 그 과정에서 일이 어그러지기도 해요. 전 자신 있게 학교 회의 디자인은 학교문화를 바꿀 수 있다고 생각해요. 바쁘고 힘들 때일수록 서로에게 '너무 잘하려고 애쓰지 마라'라는 말을 해 줄 수 있는 그런 학교, 조직 분위기가 되기를 정말 간곡히 바랍니다.

부록

부록 1
동물 리더십 분석(출처: 학급 긍정 훈육)

카멜레온 유형 리더십 스타일- **즐거움**

- 친구가 많고 **타인**에 대해 **민감**하며 **즐겁게** 해준다.
- **타협**에 능하고 사려 깊고 공격적이지 않다.
- **우호적**이고 사려깊고 **봉사정신**이 뛰어나다.
- 주위의 **인정**을 받으려 노력하며 사람들이 **신뢰**한다.
- 자신을 돌보지 않으며 자신의 필요보다 **상대가 원하는 것을 함.**
- 가슴에 꽁하고 새겨둘 수 있으며 **부당해도 대응하지 못한다.**
- **거절하지 못하며** 문제에 맞서기 보다 뒷담화를 한다.

거북이 유형 리더십 스타일- **편안함**

- 느긋, 유연하며 **평화적**이다. 다른 사람에게 편안함을 준다.
- 잘하는 것을 하며 **손쉬운 방법을 선택**한다.
- **논쟁**하는 것을 **싫어**하며 새로운 시도를 피한다.
- 자신에게 필요한 것을 찾는다.
- 스트레스를 받으면 **회피**하거나 숨는다. 직면하지 않고 방치함.
- 독립적으로 하기보다 **보호**받으려 한다.
- 지루함, 게으름, **결과**를 만드는 것에 **취약**하다.
- 동기를 불러일으키지 않는다.

독수리 리더십 스타일- 통제성

- 자기자신, 타인, 상황을 **통제**한다.
- **리더십**있고 **책임감**이 강하다. **도움**을 주는 것을 좋아한다.
- **적극적**이고 **꾸준**하며 구조화에 능하다.
- 법을 준수하고 **계획적**이며 결국 완수한다. 상황을 **책임**진다.
- **비판**하고 잘못을 지적하며 방해하거나 **명령**하며 **논쟁**한다.
- 스트레스 상황에서 **떠날 자리(방어책)을 미리 준비**한다.
- **혼자서 해결**하려고 한다.
- **정서적 교감이 다소 부족**하다고 느껴지기도 한다.

사자 유형 리더십 스타일-우월감

- **일을 많이** 하고 다른 사람보다 잘하려 노력한다.
- **유능**하고 실천적이며 **성취의 동기**를 부여한다.
- **많은 것을 이루어내고** 주위를 즐겁게 한다.
- 자신이 원하는 것을 먼저 말할 수 있고 **자신감**이 있다.
- **전문가**가 되려 노력하고 어디엔가 **몰두**하려 한다. **일 중독.**
- **경쟁**을 너무 많이 하고 무례하게 보일 수 있다.
- 성취할 때까지 행복해보이지 않는다. **불필요한 싸움**을 한다.
- **고집**을 피우거나 다른 사람을 고치려 한다.

부록 2
DISC 성향 분석지

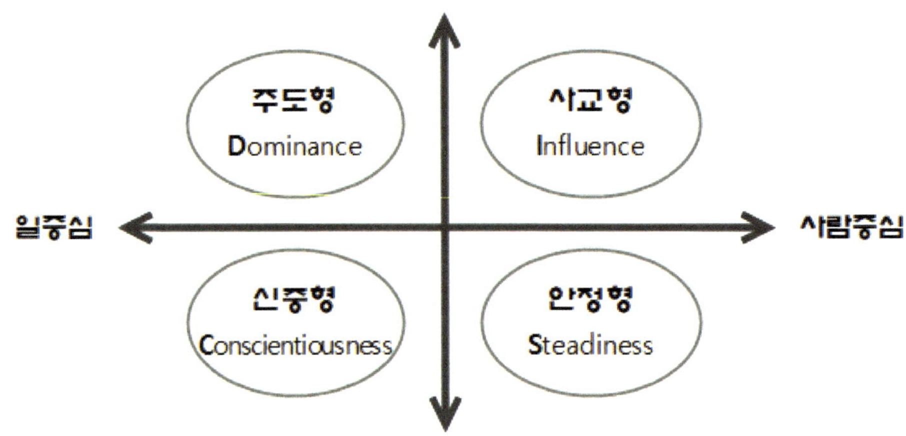

주도형(D)

일반적 성향	장단점
○ **빠른 결과**를 얻기를 원한다. ○ 행동을 개시한다. ○ **도전**을 받아들인다. ○ **결정을 빠르게** 내린다. ○ 현 상태에 대해 **의문**을 제기한다. ○ **권위**를 휘두른다. ○ 곤란한 일들을 처리한다. ○ **문제를 해결**한다.	○ **자아**가 강하다. ○ **목표지향적**이다. ○ 도전에 의해 동기부여 된다. ○ 통제권을 상실하거나 이용당하는 것을 두려워한다. ○ 압력하에서 너무 **서두르거나 빨리 포기**할 수 있다.

사교형(I)

일반적 성향

- 사람들과 접촉한다.
- **좋은 인상**을 준다.
- **의견**을 뚜렷하게 **개진**한다.
- **동기 부여**하는 환경을 만든다.
- **열정**을 일으킨다.
- 사람들을 **즐겁게** 만든다.
- 다른 사람들을 돕고자 한다.
- 그룹에 참여한다.

장단점

- **낙천적**이다.
- **사람지향적**이다.
- **사회적 안정**에 의해 동기부여 된다.
- 다른 사람들로부터 **거부당하는 것을 두려워한다.**
- 압력하에서 일을 체계적으로 처리하지 못할 수도 있다.

안정형(S)

일반적 성향

- **널리 인정된 방식**으로 업무를 수행한다.
- 한자리에 오래 머문다.
- **끈기**를 보인다.
- 전문적인 기술을 발전시켜 나간다.
- 업무 수행에 **집중**한다.
- **충성심**을 보인다.
- 다른 사람의 말을 잘 듣는다.
- 흥분한 사람을 가라 앉힌다.

장단점

- 정해진 방식에 따라 행동한다.
- **팀 지향적**이다.
- 현재의 상태를 **안정적으로 유지**하는 것에 의해 동기부여됨
- 안정성을 상실하거나 **변화하는 것을 두려워한다.**
- 압력 하에서 자신감을 잃고 그 상황 자체를 피해버릴 수 있다.

신중형(C)

일반적 성향

- **핵심지시와 기준**에 주의를 기울인다.
- 핵심 **세부사항에 중점**을 둔다.
- **익숙한 상황**에서 일한다.
- **정확성**을 추구한다.
- **비판적 사고**를 한다.
- 업무 수행평가에 치밀하다.
- 권위에 **순응**한다.

장단점

- 세부적이고 **분석적**이다.
- **과업지향적**이다.
- **정확성과 양질**을 요구하는 것에 의해 동기부여된다.
- 자신이 수행하는 작업에 대해 **타인의 비판**을 두려워한다.
- 압력 하에서 자신과 다른 사람에 대해 지나치게 기대가 높고 비판적일 수 있다.

부록 3
6×6 질문지

	1	2	3
1	우리 학교에서 내가 가장 신뢰하는 사람은?	내가 가르쳐 줄 수 있는 것은? (당신의 노하우?)	직업 외에 가장 잘 알고 잘하는 일은?
2	인생에서 중요하게 생각하는 가치는?	나의 버킷리스트 중 1가지는?	다시 태어난다면 무엇 혹은 누구로? 이유는?
3	가장 좋아하는 동네 맛집 추천하기	심심하고 무료할 때 무엇을 하나요?	올해 학교에서 가장 재미있었던 순간은?
4	아침에 일어나서 제일 먼저 하는 일은?	가장 자신있는 외모는?	올해 학교에서 가장 우울했던 순간은?
5	당신의 삶이 3년 남았다면 어떻게 살까?	학교에서 한 일 중 가장 보람있었던 것은?	당신은 어떤 사람으로 기억되고 싶나요?
6	인생에서 가장 행복했던 날은?	지금 하는 일을 왜 하고 있습니까?	자기 자랑 3개만 (거만하게)

4	5	6
1억이 생긴다면 하고 싶은 것은?	지금 당장 여행하고 싶은 곳은? 이유는?	당신은 언제 행복한가요?
지난 일주일간 자신이 한 착한 일은?	가르친다는 것은?	10년 후 당신은 어떤 모습일까요?
새롭게 배우고 싶은 것은?	올해 꼭 이루고 싶은 일은?	꼭 고치고 싶은 단점이 있다면?
하나의 초능력을 가질 수 있다면 어떤 것을 가지고 싶나요?	슬럼프를 극복하는 자기만의 방법은?	일과 사랑 중에 선택해야 한다면?
아직 시도하지 못했지만 꼭 이루고 싶은 꿈은?	살면서 가장 큰 만족을 느낀 일은 무엇인가요?	영화를 한편 추천한다면? 이유는?
요즘 내가 가장 많이 빠져있는 생각은?	올해 나에게 스스로 가장 대견한 점은?	당신이 인정하는 경쟁자는?

학교문화를
바꾸는
회의디자인

1판 1쇄 2023년 11월 24일

저자 성애리 정준화 고흥섭 박명선
발행인 이경화

발행처 디자인21
주소 04560 서울특별시 중구 퇴계로 293-1
전화 02-2269-6561(대)
팩스 02-2269-6568
이메일 21publish@naver.com
블로그 https://blog.naver.com/publish21
홈페이지 https://21publish.co.kr

등록번호 제1-1128호
등록일자 1991. 2. 12

ISBN 978-89-6131-130-4 93370

정가 20,000원

이 도서는 충청북도 교육도서관의
< 교직원책 출판 지원프로그램>
지원을 받았습니다.